THE NEIGHBORHOOD

Körnerkiez, Charonne, Seochon, Greenwich Village, Hampstead, Venice

CONTENTS

PREFACE

KÖRNERKIEZ, BERLIN

CHARONNE, PARIS

SEOCHON, SEOUL

CONTENTS

GREENWICH VILLAGE, NEW YORK

HAMPSTEAD, LONDON

VENICE, L.A.

동네라는 단어에는 따뜻한 온기가 스며 있는 것 같습니다. 사전적 정의라기보다 개인의 경험에서 비롯할 때, 동네라는 단어를 들으면 왠지 그렇습니다. 돌이켜보면 많은 사람이 동네라는 개념을 떠올리거나 말할 때 긍정적 기운 또는 평화로운 감정을 느끼곤 합니다. 동네를 주제로 한 <더 네이버후드>를 만들면서 주변 사람들에게 "어떤 동네에서 살고 싶은지?"를 물었을 때, 모두 골똘히 생각에 잠기며 행복한 표정을 지은 걸 보면요. 어떤 면에서 동네는 집보다 더 친밀감을 느끼는 대상이기도 합니다. 인간이 건강한 삶을 누리는 데 적절한 거리감을 유지하는 관계는 필수이고, 그러한 관계 속에서만 얻을 수 있는 안정감이 있죠. 동네가 그걸 가능하게 해줍니다. 어떤 날엔 이방인이 되면서도, 어떤 날엔 소속감을 느끼기도 합니다. 어쩌면 현대사회에서 동네란 또 다른 '집'으로 기능하는 것인지도 모릅니다.

동시에 동네는 삶의 지향점에 반드시 포함되는 요소이기도 합니다. 숨을 고르고 스스로가 어떤 삶을 꿈꾸고 있는지를 생각해보면 자연스럽게 어떤 환경에서 어떤 사람들과 무엇을 즐기며 살고 싶다는 그림을 그리게 될 것입니다. 그때의 상상은 대체로 이상향의 동네와 맞닿아 있습니다. 여행지 혹은 영화나 미디어에서 우연히 마주한 기분 좋은 풍경이나 장면을 떠올리면서요. 기분 좋은 동네의 한 장면에는 늘 땅과 가깝게 지은 나지막한 집들, 그리 높지 않은 담장, 그 담장 사이로 살짝 들여다보이는 화단이나 정원, 소박한 골목길 등이 등장하게 마련입니다. 물론 정해진 답은 없지만 이상적인 동네는 '휴먼 스케일'에 가깝다고 생각합니다. 작지만 내실 있는 카페·레스토랑은 물론 로컬에 뿌리내린 상점들에 우리가 매력을 느끼는 건 각각이 지닌 개성 때문이기도 하지만, 그곳을 찾는 개개인이 존중받을 수 있는 적절한 규모와도 연결되는 문제이니까요.

베를린의 쾨르네르키츠, 파리의 샤론, 서울의 서촌, 뉴욕의 그리니치빌리지, 런던의 햄스테드, L.A.의 베니스까지. <더 네이버후드>에서 소개하는 6개 동네 역시 휴먼 스케일이라는 공통 키워드로 설명이 가능합니다. 물론 여기서 말하는 휴먼 스케일은 꼭 물리적인 것만을 뜻하지 않습니다. 이미 유명해져 상권이 커져버린 동네라도 심리적·정서적 규모 면에서 인간을 보듬는 분위기를 형성할 수 있죠. 이때 큰 역할을 하는 것이 동네를 지킨 토박이들입니다. 저희가 취재를 위해 방문한 몇몇 동네에도 변화 속에서 마치 등대처럼 나긋하게 목소리를 내는 이들이 존재하고 있었습니다.

여러 동네의 내밀한 이야기를 간접적으로 체험하면서 제게도 같은 질문을 해보았습니다. '살고 싶은 동네란 어떤 곳일까?'에 대해서요. 아직 완전한 결론에 이르지는 못했지만, 도심과 완전히 멀어지지는 않되 도시의 혼잡과 소음으로부터 어느 정도 차단될 수 있는 곳, 도시 속에 자리한 틈새와도 같은 곳을 떠올려봅니다. 먼 미래보다 지금 내가 누리는 삶의 질에 대해 관심이 높은 요즘, 이 책을 통해 살고 싶은 동네에 대해 더 자주 생각해보고 꿈꾸는 일이 일어나길 바라면서 조수용 발행인과 나눈 인터뷰를 이어갑니다.

<더 홈>, <더 숍>에 이어 동네를 주제로 한 <더 네이버후드>를 발행하게 되었습니다.
팬데믹으로 시작한 '더 시리즈 The Series'를 세 권째 만들고 보니 집과 상공간,
동네까지 삶을 풍요롭게 해주는 기본단위에 대해 이야기하고 있다는 생각이 들어요.
이 시리즈가 어떤 의미를 갖는다고 보나요?

<더 홈>과 <더 숍>을 통해 어찌 보면 공간과 공간의 출발점에 대해 이야기를 한 것 같아요. 보통은 실내 인테리어나 건축물을 공간인 것처럼 여기게 마련인데, 이 시리즈를 통해 공간에 대한 개념을 확장할 수 있었다고 봅니다. 내가 사는 공간, 내가 무언가를 구입하기 위해 가는 공간, 그리고 내가 머무는 지역까지. 특히 동네라고 하는 건 한 개인을 중심으로 공간이라는 개념을 말할 때 일종의 종결점이라 볼 수 있어요. 문밖을 나와 사적 공간의 경계를 벗어나면서도 마치 내 공간처럼 느낀다는 지점에서 그렇죠. 여행을 가면 그런 경험을 직접적으로 하는데요, 여행한 지 3~4일 차쯤 되면 머무는 동네가 익숙해지면서 다른 지역으로 나갔다가 그 동네 근처로 돌아오면 왠지 마음이 편안해지고 기분이 좋아집니다. 머무는 호텔이나 집에 들어가기 전부터 그런 감성이 생긴다는 게 아주 재미있죠. 그 개념을 빌려 와 완성한 프로젝트가 주거와 상공간으로 구성한 단지 '사운즈한남'이었어요. 원래 동네라는 건 누구 한 명이 마음대로 컨트롤할 수 없는 성질의 것이지만, 아주 작은 단위로는 동네를 기획해볼 수 있다고 생각했죠.

사운즈한남을 기획하면서 복합 상공간이 아니라 동네라는 개념을
적용한 게 재미있네요.

주거 문화에 대한 인식의 변화와도 관련이 있는데요, 집 안에 모든 게 다 있는 큰 집이 좋다는 인식이 아주 당연한 시절도 있었습니다. 그런데 어느 순간부터 사람들은 집보다 "우리 동네에 뭐가 있다"라는 말을 자신도 모르게 자주 하거든요. 내가 좋아하는 카페가 있어, 레스토랑이 있어, 도서관이 있어, 꽃집이 있어…. 집에서 누리는 것들을 꼭 집 안으로 한정하기보다 집 주변까지 아우르게 된 거죠. 그래서 사운즈한남을 만들면서도 한 건물 안에 여러 가지 기능을 결합하는 게 아니라, 발이 닿고, 시야가 닿는 곳곳에 무언가를 구성하는 것에 가까웠죠. 만약 한 건물에 모든 걸 넣었다면 동선도 줄고 냉난방이나 비용 면에서도 훨씬 유리했을 텐데, 저는 동네에 있을 때 사람들이 느끼는 감성에 더 주목했습니다.

모티브를 얻은 특정 동네가 있었나요?

음… 특정 동네를 하나 꼬집어 말할 수는 없지만, 유럽의 오래된 도시를 다니면서 건물 안쪽의 중정을 중심으로 또 다른 풍경이 펼쳐지는 것을 인상적으로 봤어요. 도로에 서서 외관을 보면 다소 황량해 보이는데, 안으로 들어서는 순간 시야가 탁 트이면서 테라스 자리에 앉은 사람

들이 모두 중정을 바라보고 있는 장면이 참 이국적이라고 느꼈습니다. 차가 다니는 도로를 향해 있으면 인간보다 빠른 속도의 차가 시야에 들어오니 안정감을 주지 못해요. 한국은 특히 간판이 주는 공해도 있죠. 도로를 등지고 그 반대를 보면 사람들의 느긋한 움직임만 눈에 들어오니 차분하고 포근한 느낌을 받습니다. 내가 마을을 만들게 된다면 그런 느낌을 구현해야겠다고 늘 상상했어요.

> 동네라는 단위는 참 흥미롭습니다. 매거진 <B>가 종종 도시를 다루기도 하지만, 도시보다는 작고 집과 상공간보다는 크죠. 각자 마음속에 품고 있는 동네의 정의가 다를 거라 생각합니다. 개인적으로는 동네를 어떻게 규정하나요?

기본 생활을 영위하는 데 필요한 여러 종류의 상점이 각각 하나 정도로 구성되는 단위를 동네라고 인식하는 것 같아요. 약국 하나, 편의점 하나, 빵집 하나, 카페 하나로 조합된 한 세트의 상태라고 할까요? 동네로 부르기에 가장 이상적 규모인 셈이죠. 이런 구성 요소가 더 많이 반복되면 그건 동네보다는 지역이나 도시에 가깝다고 봐야죠. 이런 맥락에서 보면 한국의 역세권은 심리적으로 동네라고 느끼기 어려운 것 같아요. 역에서 몇백 미터 떨어진 특정 블록 정도를 동네라고 부를 수 있죠. 제 기준에서는 그래요. 여타의 선택지 없이 특정 카페나 특정 빵집만 떠올릴 때 비로소 내 동네로 인식하게 된다고나 할까요?

> 동네를 꽤 작은 단위로 바라보고 있네요?

그런 셈이에요. <더 숍>의 인터뷰에서도 언급한 내용이지만 런던이나 도쿄처럼 오랜 시간 동안 발전한 도시를 보면 그런 작은 단위의 동네가 끊임없이 이어져 있다는 느낌을 받아요. 지루할 새가 없을 정도로요. 그래서인지 런던이나 도쿄를 걸을 때 황량하다는 느낌을 받은 순간이 거의 없었던 것 같아요. 그런데 서울은 아직까지도 역세권을 중심으로 많이 몰리고, 역에서 조금만 멀어지면 밀도가 눈에 띄게 낮아지기도 하죠. 그런 의미에서 서울을 비롯한 한국의 많은 도시는 동네를 중심으로 발전할 수 있는 기회가 아주 많다고 봅니다. 지금으로부터 20년 후에 보면 더 정교하게 형성되어 있을 거예요.

> 동네가 우리 삶에 어떤 식으로 영향을 미치고 있을까요?

심리적으로 안전함을 느끼는 느슨한 범위가 아닐까요? 내 집 현관문을 닫고 들어오자마자 느끼는 안전함보다는 강도가 약하지만, 안전함이 가장 중요한 역할이라 봅니다. 여기서의 안전함이란 '(내가 사는 곳 주변에 대해) 어느 정도 파악이 가능하다'라는 익숙함의 문제이기도 하죠. 동시에 특정 범위의 지역 안에서 지역민이 살아가는 삶에 감정이입이 되는 단위이기도 해요. 동네에서 편의점을 운영하는 사장님, 빵집을 하는 젊은이, 약국을 하는 어르신 같은 사람들의 삶을 완전히 이방인이 아닌 태도로 대할 수 있는 상태인 거죠. 느슨한 안전망이기도 하지만 느슨한 관계망이기도 한 거예요. 결국 동네라는 건 그런 공감대가 형성된 사람들 틈에 들어가 있느냐의 유무이기도 하고요.

<더 네이버후드>를 기획하면서 어떤 기준으로 동네를 선정해 소개할지에 대해 고민하다가 최고의 것이 모인 동네, 지금 주목받는 동네보다는 '살고 싶은 동네는 어떤 곳인가?'에 더 주목했습니다. 요즘 사람들에게 어떤 곳이 살고 싶은 동네에 가까울까요?

한국에서 살고 싶은 동네라고 하면 두 가지로 압축된다고 봐요. 적어도 아이가 있는 가정에서는 교육 환경이 좋은 곳을 들 테지요. 교육 환경 하나만으로 모든 게 충족된다고 생각하는 사람들은 아이가 고등학교를 졸업하는 시점까지 그 태도를 유지할 거예요. 미혼이거나 신혼부부이거나, 자녀의 학업이 끝난 경우엔 그 기준이 완전히 달라지죠. 대체로 개개인의 소셜 라이프가 집 근처에서 충분히 해결되느냐의 문제로 귀결돼요. 집 앞에 맛있는 커피를 내리는 카페, 분위기 좋은 카페가 있는지 등이 중요해지죠. 그리고 앞으로는 공원이나 자연과 가까운 환경을 이야기하는 경우도 점점 많아질 거라고 생각해요. 저도 그런 가치관을 가지고 있고요.

이상적인 동네를 논할 때 카페가 갖는 상징성이 참 재미있다고 생각해요. 각자 다른 조건을 충족시키는 동네를 꿈꾸거나 연상하더라도 카페라는 요소를 두고는 하나로 좁혀지는 것처럼 보입니다.

주말에 집 근처에서 맛있는 커피와 브런치를 먹으며 여유롭게 시간을 보낼 수 있다는 것 하나만으로도 삶의 질에 꽤 많은 영향을 미친다고 생각해요. 그런 곳에서 누군가를 만나기 위해 옷을 차려입고, 대중교통을 타고 이동해 브런치와 커피를 즐기는 것과는 같은 행위지만 심리적으로 큰 차이가 있죠. 서울 안에서 그런 분위기가 잘 조성된 동네가 저는 서래마을이라고 생각했어요. 서래마을에 사는 사람들은 유독 동네에서 많은 걸 해결한다는 느낌을 받기도 했고요. 집 앞의 작은 식당에서 일정 퀄리티 이상의 맛있는 식사가 가능하고, 밤에 나와서 맥주나 와인을 가볍게 마시기에도 좋은, 적당한 크기의 동네라 도보로 이동하기 쉽다는 점도 작용하죠.

<더 네이버후드>에서는 서울의 여러 동네 중 서촌을 선정해 소개했습니다. 트렌드의 영향권에서 어느 정도 벗어나 있으면서 고유의 정서와 문화를 단단하게 형성한다는 점에서 독자성이 있다고 봤는데요.

서촌은 양극의 요소가 뒤섞이기보다는 공존하는 동네인 것 같아요. 혼자 사는 젊은 사람과 토

박이에 가까운 나이 지긋한 분들의 라이프스타일이 확연히 대비되지만, 양 계층이 각자만의 속도와 방식으로 존재하고 있어요. 한마디로 역설적이죠. 건물을 높게 올리거나 새로 개·보수하기가 어려우니 상대적으로 손바꿈이 덜 생길 수밖에 없고, 부동산 논리보다는 기질적으로 공통된 사람들이 모여 천천히 동네만의 분위기를 만들어왔다고 할 수 있어요. 어지간한 결심이 서지 않은 이상 새로운 것이 들고 나기가 쉽지 않죠. 이런 지역에 모여 무언가를 도모하는 사람들에게는 미묘한 공감대가 있어요. 큰돈 벌겠다는 마음보다는 하루를 하더라도 내가 좋아하는 곳에서 하고 싶다는 마음이 강한 사람들이라고 할까요?

<u>이즈음 해서 좋은 동네의 주체에 대해 이야기해볼 수 있을 것 같습니다.</u>
<u>살고 싶은 동네, 좋은 동네는 누가 어떻게 만들어야 할까요?</u>

저는 예를 들어 구 단위든 시 단위든 지자체에서 지역의 간판을 통일하라고 한다거나, 공사 가림막 디자인을 가이드한다든가 하는 것이 결코 동네를 더 낫게 만든다고 생각하지 않아요. 무언가를 통제하거나 획일화하기보다는 조금 더 합리적으로 그에 대한 솔루션을 찾는 방향이어야 한다는 거죠. 사실 개인적으로는 용기 있는 한 사람의 시도가 동네를 바꿀 수 있다고 생각하는 편이에요. 강원도나 부산에서 주목받는 동네도 그렇고, 서울의 성수동 같은 곳도 마찬가지로 용기 있는 한 사람이 먼저 이상적인 동네의 상을 잡아두면 그 기운이 마치 종이가 물에 젖듯 서서히 퍼지게 되거든요. 물론 아무나 할 수 있는 건 아니지만 마음의 여유와 의지를 두루 지닌 누군가가 결심을 했다면, 그때부터는 시간이 자연스럽게 만들어주는 거라 보고 있어요.

<u>직접 동네를 기획할 기회가 주어진다면 어떤 그림을 그리고 싶은지 궁금합니다.</u>

지금까지 그런 일들을 해왔고 여전히 관심이 많은데요, 앞서 말했지만 사운즈한남이라는 공간이 제게는 궁극적으로 좋은 공간을 그리는 작업이었던 것 같아요. 규모는 아주 작지만 그곳에 사는 사람의 삶은 '기분 좋은 럭셔리'에 가깝도록 구현하고자 했죠. 보통은 이 두 가지 요소를 공존시키면서 균형을 맞추기가 굉장히 어렵거든요. 대개 크기나 규모가 작으면 모자란다고 느끼고, 커지면 커질수록 럭셔리하게 느끼니까요. 이런 상반된 요소를 조합해 더 개발해보고 싶은 마음이 여전히 있습니다. 조금 더 합리적인 가격이면 좋겠죠.(웃음) 1인 가구가 점점 늘어나면서 작지만 기분 좋은 집, 작지만 기분 좋은 동네는 굉장히 가능성 있는 시장이라고 생각해요.

<u>어쩌면 1인 가구에 동네의 의미가 더 중요하게 다가올지도 모르겠네요.</u>

혼자이기 때문에 동네가 내 거실이 되어야 하는 거죠.

KÖRNERKIEZ,

BERLIN

베를린은 여느 대도시처럼 젠트리피케이션 과정이 한창이다. 2000년 초반까지 베를린의 젊은 예술가들은 마음만 먹으면 거주지를 쉽게 구할 수 있었다. 그곳이 중심가인 미테 Mitte 지역일지라도 말이다. 한데 지금은 상황이 달라졌다. 미테에 머물던 젊은 예술가들은 비싼 월세를 감당하지 못해 그보다 남쪽인 터키인들이 모여 살던 크로이츠베르크 Kreuzberg에 정착했다. 크로이츠베르크는 현재 제2의 미테가 되어 늘 관광객으로 북적이는 동네가 됐다. 또다시 비싼 월세 때문에 밀려난 이들이 정착한 지역이 노이쾰른 Neukölln이다. 거칠고 우울한 베를린 특유의 정서가 노이쾰른에 묻어 있고, 이곳에서 발현한 다양한 문화가 노이쾰른을 '힙한 지역'으로 탈바꿈시키고 있다. 쾨르네르키츠는 노이쾰른 지역에 속한 동네니 당연히 떠오르는 '힙 타운'이라고 생각할 수 있지만, 이곳은 개발의 광풍에서도 한참 비껴나 있다. 네오바로크 양식의 지하 공원, 쾨르네르파르크 Körnerpark가 쾨르네르키츠를 유명하게 만든 유일한 요소다. 그럼에도 이 동네가 최근 심상치 않게 이목을 끌고 있다. 거주민들이 민주주의적인 태도로 직접 동네의 변화를 주도하고 있기 때문이다. 규모가 작은 동네지만 주민의 주인 의식을 토대로 한 끈끈한 연대가 돋보인다. 동네를 위한 비영리단체의 활동이 활발할 뿐만 아니라 새로 유입된 젊은 세대 또한 동네의 보존과 성장을 위해 자신의 목소리를 내고 있다. 주민 대부분이 자본 논리를 피해 이 동네에 정착했기 때문이다. 다양한 세대와 그들의 문화를 존중하는 사람들이 일군 동네는 요즘 시대의 이상적인 동네가 무엇인지 다시 한번 곱씹게 해준다.

"···베를린은 다른 독일의 도시보다 규모가 훨씬 크기 때문에 '작은 동네' 개념으로 접근해야 합니다.' 하루 동안 자동차 없는 동네의 아이디어를 실행한 사회과학자 브로치의 말이다. 그의 아이디어를 실행하기 위해선 (주민들끼리 직접 하루 동안의 프로그램을 짜야 하기 때문에) 사회적 다양함이 잘 혼성되어 있어야만 가능하다···. 정치가와 여러 단체의 대표들은 이를 실현하기 위한 최적의 장소로 노이퀼른 지역 중 작은 동네인 쾨르네르키츠를 꼽았다···."

데어 타게스슈피겔 Der Tagesspiegel

"쾨르네르파르크는 바로크 궁전의 공원을 연상시킨다. 이 녹색 오아시스 가운데 일광욕이 가능한 잔디가 있다. 근처 헤르만슈트라세에서 다양한 음식을 즐길 수 있지만 공원 내 '치트로넹카페 Zitronencafé'에서도 간단한 음료와 케이크를 즐길 수 있다. 잔디밭은 주민 모두의 공원으로 평화롭게 공유되는 전형적인 노이퀼른의 모습이다."

베를리너 모르겐포스트 Berliner Morgenpost

에디터 이상혁 | 포토그래퍼 최다함

TALK

BARBARA SCHÜNKE   지역 비영리단체 협회장
바르바라 슁케

ALENA KÜHN   지역 비영리단체 동네 코디네이터
알레나 퀸

지속적으로 동네 주거 환경 개선에 힘쓰고 있는 노이쾰른 지역 비영리 단체 협회장 바르바라 슁케와 동네 코디네이터 알레나 퀸은 베를린이 젠트리피케이션을 통해 낙후된 지역을 개선해나가고 있지만, 기존 것을 전복하는 개발이 반드시 동네 주민을 위한 일은 아니라고 말한다. 노이쾰른 지역에서도 발전 속도가 유독 더딘 쾨르네르키츠를 주목하는 이유도 도시 개발 논리에서 한발 물러나 동네 중심의 연대를 견고히 다지고 있는 몇 안 되는 동네이기 때문이다.

(왼쪽부터) 알레나 퀸, 바르바라 슁케

안녕하세요. 바쁜데도 시간을 내주셔서 감사합니다. 두 분 모두 '나흐바른샤프츠하임 노이쾰른'에서 일하시죠. 본격적인 인터뷰에 앞서 나흐바른샤프츠하임 노이쾰른이 어떤 일을 하는 단체인지 소개 부탁드립니다.

바르바라 쉥케(이하 바르바라): 나흐바른샤프츠하임 노이쾰른 Nachbarnschaftsheim Neu-kölln은 노이쾰른 지역의 발전과 주거 환경 개선을 위해 설립한 비영리단체로 쾨르네르키츠에 단체 본부를 두고 있습니다. 노이쾰른 지역 14개 동네에 사무소를 두고 지역 주민, 특히 사회적 약자 계급에 도움을 줄 수 있는 다양한 방안을 논의하고 있습니다. 저는 이곳 협회장으로 전반적인 업무를 지휘하고 있어요. 동네 주민들이 저희가 운영하는 프로그램에 참여할 수 있도록 유도하는 일을 도모하죠.

알레나 퀸(이하 알레나): 바르바라가 노이쾰른 전 지역을 총괄한다면 저는 단체 내에서도 쾨르네르키츠를 담당하고 있습니다. 동네가 더 나은 방향으로 나갈 수 있도록 힘쓰죠. 주민들의 이야기를 듣기 위한 자리를 마련하는 데 공을 가장 많이 들이고요. 그들의 현실적인 요구를 바탕으로 동네 관련 문제를 해결하기 위한 프로그램을 만들고 있어요.

두분 모두 노이쾰른 지역에 거주하나요?

바르바라: 노이쾰른 지역에 거주한 지도 어느덧 30년이 흐른 것 같네요. 지금 하는 단체장 일도 결국 동네에 지니고 있는 애정의 발로인 셈이죠.

알레나: 저는 바르바라보다 반 정도 덜 살았어요.(웃음) 15년째 거주 중이거든요. 현재는 쾨르네르키츠 바로 옆 동네인 '리하르트키츠 Richardkiez'에 살고 있어요.

쾨르네르키츠도 그렇지만 리하르트키츠도 동네명에 '키츠'라는 단어가 붙네요. 모든 동네에 '키츠'가 붙지는 않잖아요. 혹시 '키츠'가 붙는 동네의 특징이 있을까요?

알레나: 독일어로 동네는 '나흐바른샤프트 Nachbarnschaft'라고 해요. 하지만 대도시 내의 비교적 작은 공동체를 형성한 동네는 키츠 Kiez라고 부르죠. 주로 베를린과 독일 북부에서 사용하는 표현이에요. 쉽게 말해 친근하고 편안한 커뮤니티 중심의 동네를 내포하는 단어라고 보면 좋을 것 같습니다. 키츠는 일반적으로 동네 중심이 되는 거리나 광장, 공원의 이름 뒤에 붙어요. 가령 쾨르네르키츠의 쾨르네르는 동네를 대표하는 지하 공원인 쾨르네르파르크에서 따왔고, 리하르트키츠의 리하르트는 동네의 중심 광장인 리하르트플라츠 Richardplatz에서 따온 명칭이죠.

그렇다면 쾨르네르키츠는 어떤 특징을 지닌 동네일까요?

바르바라: 지리적 요인으로 보면 쾨르네르파르크를 중심으로 형성된 동네입니다. 쾨르네르파르크가 지하 공원이란 건 알고 있죠? 땅 아래 공원이 있다는 게 사실 좀 신기한 일이잖아요. 원래 이 공원은 자갈밭이었대요. 사람들은 이곳에서 자갈을 채취했죠. 이 땅의 주인인 프란츠 쾨르네르 Franz Körner가 자신의 성을 후대 공원 이름에 넣는 것을 조건으로 베를린시에 기증해 오늘날의 아름다운 공원의 모습을 갖추게 된 거죠. 지었을 당시에는 정말 인기가 대단했습니다. 조용하기 그지없던 동네가 순식간에 인파로 몰렸죠. 땅 밑에 공원이 있다고 생각해봐요. 괜히 설레고 신비롭지 않나요? 당시만 해도 늙은 폴란드 마수의 묘가 공원에 묻혀 있다는 기묘한 소문이 퍼지기도 했을 정도였어요.(웃음)

알레나: 바르바라의 말처럼 쾨르네르파르크는 동네의 중심이기도 하고 도심의 조용한 오아시스 같은 곳이기도 합니다. 바로크 양식을 현대적으로 재조명한 네오바로크 양식으로 조성한 공원으로, 노이쾰른 지역의 바이브를 만드는 젊은 예술가의 신선함과는 반대로 고풍스러운 우아함을 유지하는 곳입니다. 극명한 대비가 만들어낸 아름다움을 느끼고 싶다면 다음에 꼭 방문하길 추천합니다. 개인적으로 베를린 내에 이렇게 근사한 공원은 별로 없다고 생각하거든요. 시에서도 잔디와 꽃, 조각상과 분수대의 수질 등을 정말 철저하게 관리하고 있답니다. 쾨르네르키츠의 또 다른 특징은 도심 순환선이 지나가는 노이쾰른 역과 헤르만슈트라세 Hermannstraße 역 사이에 위치한 동네라는 점입니다. 역마다 2개의 지하철 노선이 지나가는 곳이기도 해서 노이쾰른 내에서도 이동이 편리해 근래에 주거지로 주목받고 있어요.

동네는 어떤 사람들로 구성되어 있나요? '키츠'라는 단어가 붙은 만큼 이웃 간에 커뮤니티가 돈독할 것 같거든요.

알레나: 쾨르네르키츠는 다양한 배경을 지닌 이민자들이 먼저 정착한 동네입니다. 터키, 아랍, 루마니아, 불가리아, 레바논, 이집트 등지에서 온 사람들이 하나둘 정착해 동네 커뮤니티를 구축했어요. 대부분 수입이 적은 이민 노동자들이었기 때문에 서로가 연대하며 자기 자신을 지킨 것이죠. 쾨르네르키츠에 이민자가 모인 이유는 단순합니다. 이곳은 수입이 적은 이민 노동자가 지불할 정도의 금액으로 월셋집을 마련할 수 있는, 베를린 내에서도 저렴한 물가를 자랑하는 동네거든요. 한때 이곳은 '노동자들의 주거지(Workers' Quatre)'로 불릴 정도로 가난한 동네였습니다. 하지만 모든 동네가 그렇듯이 쾨르네르키츠에도 변화의 물결이 일었습니다. 10년 동안 경제력을 갖춘 서·남부 유럽과 영어권 사람들이 쾨르네르키츠에 터를 잡기 시작한 것이죠. 덕분에 동네 분위기가 점점 더 밝아지고 있어요. 과거에는 돈이 없는 이들이 모인 가난한 동네였다면, 지금은 다양한 이들이 새로운 걸 시도하기 좋은 열린 가능성의 동네이죠. 물론 이게 특별한 얘기라고 생각하지는 않습니다. 쾨르네르키츠가 속

한 노이퀼른 지역은 매번 이런 경험을 토대로 성장하고 있으니까요. 베를린에서는 노이퀼른을 '물티-쿨티 Multi-Culti(다양한 문화)'를 통해 성장한 지역이라고 부르는데, 넓은 관점에서 쾨르네르키츠 또한 물티-쿨티를 통해 성장하고 있는 겁니다. 단지 변화의 움직임을 이제 막 시작한 것일 뿐이죠.

바르바라: 실제로 이 동네는 여전히 도움이 필요한 이웃이 많습니다. 쾨르네르키츠는 여전히 빈곤율이 다른 동네에 비해 굉장히 높거든요. 저소득 지원금이나 실업자 지원금에 의존해 생활하는 주민의 비율이 매우 높은데, 특히 아이들의 빈곤율이 평균 이상으로 높아요. 저희 단체도 팬데믹 이후 빈곤층의 지원이 더 많이 필요하다는 걸 절실히 깨닫는 중이고요. 도움이 필요한 가족 구성원을 중심으로 아이들이 학교에서 수업을 받을 수 있도록 지속적으로 지원하는 이유입니다. 저는 그런 관점에서 쾨르네르키츠는 가난하지만 살기 좋은 동네라고 생각합니다. 주민들 서로가 동네의 문제를 정면으로 마주하고, 해결하기 위해 자발적으로 노력하고 있죠. 저희 같은 비영리단체가 꾸준히 활동할 수 있는 건 바로 주민들이 저희를 지지하기 때문입니다.

알레나: 주민들이 각자의 권리를 찾는 노력을 통해 끈끈하게 연대하기 때문에 위험지역이 많은 노이퀼른 내에서도 '평화로운 주거지'가 된 비결 같기도 합니다. 동네를 산책하면 거리나 주민들이 주는 압박감이나 스트레스가 전혀 없어요. 동네가 '슬로 라이프 slow life'에 최적화됐다고 해야 할까요?(웃음) 매년 여름 일요일마다 쾨르네르파르크에서 열리는 세계 음악 축제 또한 흥미로운 지점이죠. 그날은 정말 동네 사람들이 한가로이 음악에 맞춰 자유롭게 춤을 추며 시간을 낭비하듯 보내요. 비록 다른 동네 주민에 비해 가난할지라도 이들이 품은 마음은 그 어떤 곳보다 부유하다고 느끼죠.

현재 베를린의 많은 동네의 얼굴이 개발이라는 직격탄을 맞고 있죠. 그런데도 쾨르네르키츠만큼은 아직도 자신의 모습을 잃지 않은 것 같습니다. 아마도 동네 주민의 연대가 견고하기 때문이겠죠?

알레나: 제가 베를린에 정착한 2000년 초반만 해도 지역과 동네 상관없이 합리적인 금액으로 집을 쉽게 얻을 수 있었어요. 한데 지금은 상상도 할 수 없는 먼 나라 일이 되었습니다. 저렴한 지역으로 알려진 노이퀼른 내 동네들마저 부동산 투자와 개발로 빈부격차가 점점 커지고 있어요. 쾨르네르키츠 또한 베를린 내에서 가장 주목하는 개발이 가능한 동네로 손꼽히고 있고요. 베를린 같은 세계적인 도시가 겪는 필연적인 변화이긴 하지만, 동네 특유의 정서가 한번에 무너지는 걸 보는 입장에선 상당히 아쉬운 면이 많아요. 그래도 다행인 건 이곳은 여전히 자신들만의 이야기를 품고 있다는 점이에요. 정말로 느리게 성장하고 있거든요. 저희 같은 비영리단체와 주민들의 높은 주인 의식 때문이죠. 가령 대부분 주거 건물 1층은 상업 시설이 위치하는데, 쾨르네르키츠는 사회적 기관이나 단체가 자리하고, 숍이 있다고 하

더라도 오랜 시간 동네 주민과 소통해온 곳이 많습니다. 수익에만 집중하는 대형 프랜차이즈가 들어올 공간을 찾는 일 자체가 어려운 것이죠.

새로 유입한 젊은 세대가 기존 빈곤층 주민들과 잘 어울리는지도 궁금합니다.
지역색이 강하다는 건 그만큼 폐쇄성이 짙다는 얘기이기도 하니까요.

알레나: 오히려 쾨르네르키츠는 열린 동네에 가깝습니다. 기존 세대들도 이곳에 터를 잡기 위해 노력을 기울인 것처럼 젊은 세대들도 사실 어려움 속에서 쾨르네르키츠를 선택한 것이니까요. 그러니 이곳에 오랫동안 거주한 이들도 큰 불만을 갖기보다 그들과 함께 연대해 더 나은 환경을 만들기 위해 노력하는 쪽이에요. 실제로도 기존에 정착한 주민과 새로 유입한 사람들의 사이가 굉장히 좋은 편입니다. 동네에 아직 남아 있는 아랍 음식점, 디저트 가게, 터키 빵집이나 카페, 대부분의 오너가 이민자인 '슈페티 Späti(편의점)'에 가보면 늘 친절하고 다정한 분위기를 느낄 수 있거든요. 오히려 갈등은 이웃과 이웃이 아닌 일부 부동산 소유자가 야기하는 것 같습니다. 갑작스레 월세를 올려 정든 집에서 쫓겨나는 상황을 반기는 이들은 없으니까요. 저희 단체도 늘 이런 지점에서 도움이 되고자 노력하고 있습니다.

쾨르네르키츠의 변화는 옛것을 함몰시키는 것이 아니라 다양성을 품는 과정이군요.

알레나: 동네의 오래된 숍이나 새로 생긴 숍을 방문하면, 언제나 낯익은 이웃이 있어요. 누가 먼저라고 할 것도 없이 서로가 안부를 묻고 근황을 얘기하죠. 그럴 때마다 동네 주민으로서 인정받는 듯한 느낌이에요. 이 동네의 변화는 규모의 성장이 아닌, 커뮤니티의 확장에 가까워요. 혹시 모를 도움이 필요할 때 이웃에게 부탁할 수 있는 동네가 되고 있다는 의미죠.
바르바라: 알레나의 의견처럼 동네라는 커뮤니티에서 라이프스타일이 다른 새로운 사람들을 만나는 건 언제나 행복한 일이에요. 모두가 커뮤니티의 일원으로서 삶의 질과 의식을 높일 수 있는 가능성을 열어둔 덕분이죠. 저는 이 모든 게 쾨르네르키츠라서 가능한 일이라고 생각합니다. 동네 주민으로 같이 살아간다는 것은 서로를 존중한다는 의미이고, 이는 제게 매우 중요한 일이에요. 주민 모두가 평등하게 사용할 수 있는 공간을 만들고 모두에게 똑같은 권리와 책임을 나눠줘야 하는 임무가 남아 있지만, 직접 두 눈으로 보고 두 귀로 들으면서 느낀 건 쾨르네르키츠라면 분명 지금의 모습을 변함없이 유지할 거라는 확신이에요.

더 나은 동네로 나아가기 위해 어떤 노력을 하는지 궁금합니다.

알레나: 쾨르네르키츠에는 '주거 공간 매니지먼트(Quartiersmanagement, 이하 QM)'라는 비영리단체가 있었어요. 15년 동안 학교 수업 외 교육 프로그램, 놀이터 확장, 거리 축제 지

원, 재건축, 가족 교육 프로그램 등을 통해 동네 발전에 기여했지만, 아쉽게도 2019년을 마지막으로 해체되었죠. 경제적으로 많은 지원을 해준 곳이라 정말 아쉬움이 컸습니다. 아마도 지원받던 동네 주민들의 상실감은 말로 표현할 수 없을 만큼 엄청났을 겁니다. 그래서 저희 단체는 2020년 1월부터 QM에서 하던 일을 이어 나가고 있으며, 좀 더 많은 도움을 주기 위해 동네 주민과 지속적으로 만나 변화를 알리고 대화하는 데 시간을 투자하고 있습니다. 며칠 전에도 주민과의 대화에서 새로운 문제를 발견했는데, 유대인 가족의 차별에 관한 얘기였어요. 지금 이 부분에 대해 어떤 지원이 가능한지 논의 중입니다.

바르바라: 주민들이 서로를 이해할 수 있는 공생 관계를 만드는 것이 단체의 목적입니다. 주민들 서로의 관계, 주민과 기관, 기관과 기관의 관계 속에서 자연스러운 연결 고리를 만든다고 보면 됩니다. '글로벌 네트워킹', '커뮤니케이션', '현대 모빌리티 사회' 같은 멋진 표현으로 거창한 목표를 내세우는 것도 좋지만, 결국 동네는 주민이 안전하게 활동할 수 있는 길과 장소, 공간을 충분히 확보하는 것이 주민 삶의 질을 결정하는 문제로 직결되거든요.

알레나: 일부러 쉬운 단어와 문장으로만 표현해 동네 소식을 전하는 뉴스레터를 만든 것도 같은 이유입니다. 그뿐 아니라 거리 청소 캠페인, 중고 서적 교환 등 작은 것을 실천하고 있어요. 적은 금액이긴 하지만 동네에 매년 2000유로를 사용할 수 있는 기금도 운용하고 있고요. 단체에는 기본적으로 사회나 문화 협회에서 활동한 이력이 있는 주민이 많지만, 근래에는 젊은 학생이나 평범한 가족도 저희 프로젝트에 지원하고 있어요. 동네 주민 모두가 쾨르네르키츠를 사랑하고, 더 아름다운 곳으로 만들려고 노력하는 중이죠. 앞으로 동네 기금 운용에 관련해서는 쾨르네르키츠에 한정하기보다는 이웃 동네까지 나아갈 수 있는 방법을 제안해 주민들의 주인 의식을 강화해나려고 해요.

본부 건물이 몇 년 전부터 확장 공사를 하고 있고, 올해 공사를 마친다고 들었어요.

바르바라: 저희 단체는 올해 창립 75주년을 맞이했어요. 제2차 세계대전이 끝난 직후 어수선한 분위기 속에서 동네 주민들에게 민주주의 발전에 기여하도록 목소리를 냈고, 더 나은 삶을 위해 연대해나가는 것을 목적으로 바로 이곳 쾨르네르키츠에서 시작했습니다. 그래서 그런지 감회가 더 새롭네요. 현재 40명이 일하고 있고, 자발적 참여로 구성한 5명의 이사회가 있습니다. 쾨르네르키츠는 바로 이런 신념을 지닌 이들이 모여 사는 동네입니다.

HOME

Jutta Brennauer

유타 브렌나우어

꽃의 향과 색을 담는 집

LOCATION 노가츠트라세 Nogatstraße
TYPE 다세대주택
SIZE 약 55m²
FLOOR PLAN 방 1개, 화장실 1개, 주방, 발코니

유타 브렌나우어의 집은 꽃과 다양한 색으로 가득 채워져 있다. 할머니가
꽃집을 운영한 탓에 그는 늘 꽃이 내는 향과 색에 둘러싸여 유년 시절을 보냈다.
"코로나19로 동네가 봉쇄되어 나가지 못할 때는 발코니를 활용해 바구니를 내려
꽃 배달을 받을 정도였어요." 브렌나우어에게 생화가 주는 생기는 펜데믹의
우울감에서 벗어나게 해주는 유일한 통로이기도 했다. 그가 쾨르네르키츠,
노가츠트라세 Nogatstraße에 집을 구한 이유도 발코니를 통해 가로수와 작은
공원이 한눈에 담기기 때문이다. 브렌나우어는 늘 다색 인종과 환경, 퀴어
문화에 관심을 갖는데, 이 또한 그가 좋아하는 다채로운 꽃에서 자연스레
확장된 결과다. 꽃에 저마다 독자적인 생김새와 향이 있는 것처럼, 세상에
존재하는 사람들 모두가 각자의 고유성을 띠는 것은 당연한 이치다. "녹색당
국회의원 홍보 미디어를 총괄하고 이주민의 미디어 다양성을 변호하는 일을
하는 입장에서 동네는 늘 제게 새로운 고민을 안겨줍니다. 터키인, 아랍인, 학생,
예술가, 퀴어 커뮤니티 등 다양한 동네 주민이 르쾨네르키츠를 만들었어요.
하지만 동네 분위기를 만든 사람들이 비싼 월세 때문에 점점 이 동네를 떠나고
있죠. 이 문제는 이제 국회에서 해결책을 찾아보려고 해요."

"베를린 노이쾰른 지역 끝에 꽤 오랫동안 살았어요.
동네는 마음에 들지만, 친구들을 만나러 가기 위해
지하철에서 보내는 시간이 대부분이었죠.
그래서 새로 집을 구한다면 친구들과 가까운
노이쾰른 북쪽에 살고 싶었어요. 하지만 그땐 이미
월세가 치솟고 있어서 특정 동네를 고집하는 건
중요한 일이 아니었어요. 마음에 드는 좋은 집을
구하는 것은 지금도 정말 힘든 일인데, 노이쾰른
중앙에 위치한 쾨르네르키츠에서 제가 원하는
조건의 집을 구할 수 있는 건 큰 행운이죠. 한데
거기엔 분명 제가 좋은 직장에 근무하는 백인 싱글
여성이라는 부수적인 요인이 작용했을 거예요. 유색
인종이나 성 소수자들은 여전히 집을 구하는 데
어려움을 겪거든요."

"주방 입구는 저처럼 반짝이는 커튼으로 장식했어요.
주방 끝 벽면엔 저를 설명할 수 있을 만한 것들로
채웠죠. 가족 달력, 좋아하는 연극의 구절, 친구들과
보냈던 축제 사진, 페미니스트 스티커, 기념품 등
모두 저 자신을 정의할 수 있는 것들이네요."

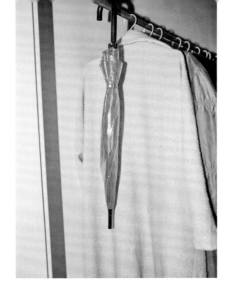

"현관문을 열면 바로 침실이 있는데, 조금 좁아요.
하지만 옷장과 직접 만든 창고가 있으니 괜찮습니다.
긴 복도를 지나면 욕조가 딸린 화장실이 있어요.
1년에 두 번 정도 욕조를 사용하지만, 웰니스를
느끼기엔 충분하죠. 제가 집 안에서 가장 많은
시간을 보내는 공간은 주방과 발코니를 잇는
거실이에요. 친구들과 잘 차린 브런치를 먹을 수
있고, 간단한 업무를 볼 작은 책상도 이곳에 있죠.
조금 큰 모니터와 널찍한 책상이 갖고 싶긴 하지만
아직은 이 정도면 충분한 것 같아요.(웃음) 주방은
혼자 요리하거나 가끔 둘이 요기하기에 적당한
크기예요. 작지만 꽤 알찬 집이죠."

"(저희 집은) 1900년대에 지은 오래된 건물 3층에
자리하고 있어요. 건물의 높은 층고로 일반적인
층수 대비 높이가 꽤 되지만 계단 오르는 일이 그리
힘들진 않아요.(웃음) 높은 층고, 오래된 이중 창문,
나무 바닥 등은 독일의 오래된 건물인 '알트바우
Altbau'의 특징인데, 제가 이 오래된 집에 거주하는
건, 주변 친구들 사이에선 그렇게 특별한 일은
아닙니다. 알트바우 건물은 새 건물보다 월세가
저렴하거든요."

"이상기온으로 여름에 무덥고 건조한 날이
늘어나면서 100년이 훨씬 넘은 저희 건물 앞에 있는
나무가 병들어 잘라내야만 했어요. 저는 왜
나무를 잘랐는지, 대책은 무엇인지 시에 물어보고
답변을 같은 건물 이웃과 공유하는 일을 했죠.
이웃들은 가로수에 얽힌 자세한 이야기는 잘
몰라요. 예전 같았더라면 저도 그랬겠지만 이제
지역 정책을 파악하는 일을 하다 보니 자연스럽게
지역 행정에 관심이 갔어요. 작은 일일지 모르지만,
누군가 이런 일에 열린 눈으로 살피고 적절한
질문을 해준다면 저희가 원하는 동네의 모습과
더 가까워질 수 있을 거예요."

동네에 활력을 불어넣는 베이커리

ADDRESS Nogatstr. 38, Berlin
INSTAGRAM @taktilberlin
FOUNDED 2021년
PRODUCTS 빵

SHOP

Taktil - Bakery in Progress

탁틸 – 베이커리 인 프로그레스

카타리나 보넹글 Katharina Bonengl과 레네르트 데용헤 Lennert Dejonghe
가 운영하는 베이커리 탁틸-베이커리 인 프로그레스(이하 탁틸)의 탁틸은
'손의 감각을 통해 연결한다'는 의미다. 데용헤는 동명의 가구 공방을 운영한
이력이 있는데, 가구를 만드는 일과 빵을 만드는 일 모두 촉감을 통해 전달하는
일이라고 느껴 당시에 사용한 공방 이름을 그대로 가져와 베이커리를 열었다.
탁틸 뒤에 붙은 '베이커리 인 프로세스'도 끊임없이 작업하는 자신들의 성향
(work in progress)을 담은 표현이다. 탁틸을 대표하는 메뉴는 기본 식사
빵인 사워도 빵과 호밀 빵으로, 장작을 태운 열로 구워 보드랍게 부풀어 오른
게 특징이다. 1~2유로에 판매하는 '바게트'와 '브리오슈' 같은 저렴한 메뉴
또한 갖추었는데, 이는 동네 주민에게 합리적으로 빵을 공급하기 위함이다.
오픈한 지 1년이 채 안 됐음에도 이곳이 동네 주민들의 사랑방 역할을 하는
이유다. 탁틸을 오픈할 때만 해도 탁 트인 2개의 창을 통해 보인 건 사람들이
아닌 한산한 거리의 풍경이었지만 지금은 주민들로 북적이는 거리가 됐다.
거리엔 빵 굽는 냄새가 가득하고 주말엔 빵을 사기 위해 길게 늘어선 행렬에서
서로가 안부를 전하는 주민들의 목소리가 거리에 울려 퍼진다. "사람들이 단지
빵을 구매하러 오는 게 아니라 소통을 하러 온다는 인상이 강해요. 그게 동네
베이커리의 매력이죠. 아침마다 빵을 사러 오고 그곳에서 마주하는 이웃이
있다는 건 정말 행복한 일이잖아요. 저희의 목표는 그런 공간으로 이 동네에
굳건히 자리하는 거예요."

보넹글과 데용헤의 바람 때문일까. 탁틸을 좋아하는 단골이 하나둘 늘어나고
있다. "베이커리를 방문한 손님들이 서로 이름을 부르고 안부를 묻죠. 부모의
심부름을 하러 아이들이 방문하기도 하고요." 두 오너가 쾨르네르키츠에
베이커리를 연 것도 '정이 있는 동네'에 터를 잡고 싶었기 때문이다. 실제로
쾨르네르키츠는 베를린 내에서도 연대가 끈끈한 지역 중 한 곳으로 유명하다.
많은 이민자가 터를 잡고 있는 탓에 늘 개방적인 사람들로 가득하기 때문이다.
"저희는 개방적인 태도가 오히려 단단한 연대를 만들 수 있다고 생각합니다.
이 동네는 베를린에서도 낙후된 지역이었지만 그 덕분에 다양한 사람들이 터를
잡고 서로를 존중하는 문화가 생겼죠. 앞에서도 언급했지만, 저희같이 이제 막
물꼬를 튼 베이커리가 동네 사람들에게 인정받은 것도 쾨르네르키츠에서 일을

시작했기에 가능했을 거예요." 탁틸은 조용한 동네에 새로운 활력을 불어넣는 베이커리지만 비판적인 시각에서 보면 새로운 개발을 부추기는 요인으로 지목되기도 한다. 두 오너 모두 이에 공감해 탁틸이 베를린에서 유명한 베이커리가 되기보다 동네 주민에게 꼭 필요한 베이커리가 되길 갈망하고 있다.

"저희 베이커리가 성장한 것은 모두 동네 이웃의 도움 덕분입니다. 규칙적으로 방문해 빵을 구입하는 것은 물론 직접 지인에게 탁틸을 홍보할 뿐만 아니라 숍을 개선하기 위한 아이디어도 늘 먼저 제안하죠. 개인의 사생활이 중요한 요즘 같은 시대에 정말 흔치 않은 경험이라고 생각해요. 쾨르네르키츠는 여전히 사람들의 정이 넘치는 좋은 동네라고 생각합니다."

새로운 지형도를 만든 카페 겸 칵테일바

ADDRESS Jonasstr. 22, Berlin
INSTAGRAM @tampermeetsjigger
FOUNDED 2018년
PRODUCTS 커피, 칵테일

SHOP

Tamper Meets Jigger

탬퍼 미츠 지거

카페 겸 칵테일 바 탬퍼 미츠 지거의 오너 라이문트 페테르스 Raymund Peters
는 쾨르네르키츠에서 태어난 베를리너로, 어린 시절 동네에서 제일 큰 공원인
쾨르네르파르크에서 즐거운 시간을 보냈다. "운 좋게도 쾨르네르파르크
근처에 위치한, 동베를린 시절에 지은 댄스 스쿨 건물을 발견했어요. 댄스홀로
사용하던 곳은 당시 나무 바닥이 그대로 남아 있더군요. 의미 깊은 역사적인
건물에 제 이야기를 덧씌울 수 있으니 이보다 더 완벽한 장소는 없다고
생각했어요." 커피와 칵테일을 함께 파는 건 그가 동네를 선택한 이유처럼
그의 삶에서 떼려야 뗄 수 없는 것들이기 때문이다. "호텔 아들론 Hotel Adlon
과 리츠칼튼 Ritz-Carlton에서 오랫동안 바텐더 일을 했습니다. 바에 앉은
사람들을 위해 맛있는 칵테일을 만드는 것도 즐거웠지만, 그들과 대화하는
시간이 너무 좋았어요. 커피의 경우 당시 밤낮이 바뀐 삶을 살다 보니 어쩔
수 없이 좋아하게 되었죠. 정신을 차려보니 제가 호주 멜버른 Melbourne
에서 커피를 배우고 있더라고요.(웃음)" 포타필터 portafilter에 담긴 커피
파우더를 패킹 packing(누르는 작업)하는 작업에 필수인 '탬퍼', 칵테일을
만들 때 정확한 용량을 재는 기구인 '지거'의 만남(meets)은 결국 자신이 가장
좋아하는 것을 만들어 동네 이웃과 즐거움을 나누자는 의미다. "의도적으로
동네에 없는 스타일을 공간에 구현하고 싶었어요. 그래서 클래식한 아르데코풍
장식에 인더스트리얼 분위기를 내기로 한 거예요. 오픈할 당시인 2018년만
해도 쾨르네르키츠에는 스타일 좋은 숍이 없었거든요. 그래서 저는 동네에
눈길을 끄는 숍 하나쯤은 있어야 한다고 생각했습니다." 탬퍼 미츠 지거는
페테르스의 바람처럼 동네 지형도를 새롭게 만드는 역할을 하고 있다.

탬퍼 미츠 지거는 'Think Global, Drink Local'이라는 슬로건을 앞세운다.
전 세계에서 통용되는 높은 수준의 인테리어와 서비스를 제공하지만, 판매하는
식재료만큼은 지역색을 담는다는 의미다. 이곳을 대표하는 칵테일 메뉴는
'쾨르네르파르크'로 독일 대표 리큐어인 예거마이스터 Jägermeister를
베이스를 만들었다. '로지넨봄버 Rosinenbomber'라는 칵테일도 흥미롭다.
버번위스키를 베이스로 한 이 칵테일의 이름은 베를리너들이 분단 시절
식료품이나 캔디, 초콜릿 같은 간식을 보급하던 비행기를 부른 애칭이다.
숍에서 사용하는 원두와 우유, 빵, 음식 재료도 모두 베를린 브란덴부르크

Brandenburg 지역에서 생산한 것만 고집한다. "숍이 동네를 위하는 일은 동네 주민에게 영혼을 담아 진심으로 다가가는 일이라고 생각해요. 지역 브랜드를 지지하는 것도 바로 그런 이유 중 하나고요. 앞으로는 한 걸음 더 나아가 지역 아티스트와 협력해 새로운 메뉴를 개발하거나 특별한 서비스를 선보일 예정입니다."

"낡은 의자와 맥주 박스, 바닥에 앉아 커피나 칵테일을 마시는 공간은 쾨르네르키츠에서 여럿 찾아볼 수 있습니다. 노이쾰른에 있는 흔한 숍들의 모습이죠. 물론 그런 날것의 거친 모습을 기대하고 이 동네를 방문하는 분들도 있지만, 저는 동네 주민들이 좀 더 안락한 공간에서 품위 있게 커피와 칵테일을 마시길 원했어요. 저희는 잠시 머물다 가는 사람들이 아니니까요. 다행히 주민들도 제 생각을 이해해주고 있죠. 동네 터줏대감과 젊은 예술가들이 한 공간에 앉아 칵테일을 마시는 모습을 볼 때면 쾨르네르키츠가 무한한 잠재력을 지닌 동네라고 확신하게 됩니다. 새로운 것을 경계하기보다 열린 사고로 받아들이기 때문이죠."

지지하고 연대하며 행동하는 식료품점

ADDRESS Altenbraker Str. 15, Berlin
INSTAGRAM @robinhood.store
FOUNDED 2019년
PRODUCTS 유기농 식료품

SHOP

Robinhood

로빈후드

DICH STÖRT
DIE ARMUT
AUF DER
WELT?

"쉽게 말해 부자들의 이익을 훔쳐 가난한 자들에게 주는 일입니다." 로빈후드의 공동 창업자 마티스 슈타이프 Mattis Steib는 부자들을 약탈해 가난한 이를 돕는 의적 '로빈후드'의 이야기를 통해 자신의 식료품점을 설명했다. 실제로 슈타이프가 생각하는 좋은 기업은 자본주의 정책에 반하는, 주변에 이로운 걸 행하는 기업이다. "로빈후드는 식료품 쇼핑을 통해 새로운 경제 시스템을 제안한다고 할 수 있어요. 개인적 이익은 취득하지 않고, 수익은 모두 빈곤층 및 기후변화에 대응하는 단체에 기부하거든요." 그는 불공평한 자본주의 시스템을 통해 발생하는 여러 사회문제를 해결하기 위해 로빈후드라는 이름의 식료품점을 설립했다. 참여와 행동, 혁명, 새로운 미래를 제안하는 것이 슈타이프의 열망이자, 로빈후드가 가는 길이다. "개인의 이익이 아닌 모두의 이익을 위해선 소비자의 도움이 필요합니다. 저희가 별도의 멤버십 제도를 운용하는 이유죠. 멤버들은 자신의 경제 수준에 걸맞은 회비를 내는 시스템입니다. 월수입의 1%를 내거든요. 만약 1%가 부담스럽다면 매월 로빈후드에서 3시간 일하면 돼요." 로빈후드는 동네 주민과 연대하며 계속 성장하고 있다. 베를린의 젊은 문화를 선도하는 크로이츠베르크 지역에 체인점을 냈고, 1000명이 넘는 회원을 보유하고 있다. "로빈후드를 시작하기 전에 베를린 전 지역을 돌아다니며 식료품 시장에 저희 콘셉트를 적용하는 것이 가능한지 테스트해봤어요. 그중 반응이 가장 좋은 곳이 노이쾰른 지역이었어요. 그렇게 이 지역을 탐방하다가 2019년 쾨르네르키츠에 자리 잡았죠. 이를 통해서도 동네의 특징을 설명할 수 있을 것 같네요. 이곳은 새로운 시스템을 지지하는 주민들이 많은 곳이에요. 덕분에 로빈후드가 성장할 수 있고요."

슈타이프가 생각하는 좋은 상점은 물건을 사고파는 데 그치는 것이 아니라 동네 주민과의 연대를 통해 보다 나은 사회를 만들어가는 공간이다. "고객이 만족하는 상품과 서비스를 제공하는 숍도 필요하지만, 숍이 제공하는 물질보다 고객과의 연결성, 생각의 연대, 자발적 참여 등으로 기존 시스템에 대항할 수 있는 공동의 힘이 생긴다면 어떤 일이 벌어질까요? 저는 그다음 일에 관심이 있습니다." 로빈후드의 강점은 꾸준히 새로운 멤버가 유입된다는 데 있다. 슈타이프는 그 이유를 젠트리피케이션에 의한 자연스러운 현상으로 본다. "원래 이 동네는 아랍 이민자가 많은 곳이었습니다. 한데 몇 년간 월세가 오르면서 그들이 동네를 떠나고 있어요. 오히려 요즘은 젊은 예술가나 새로운 국가 이민자의 유입이 늘면서 동네가 더 다채로운 색을 띠는 것 같아요. 흥미로운 점은 이들 또한 로빈후드의 멤버로 합류한다는 점이에요. 저는 로빈후드가 이전 세대와 현세대가 화합하는 장이 되고 있다고 확신합니다." 그의 말은 로빈후드에서만 볼 수 있는 이색적인 광경을 통해 증명된다. 새로 온 스태프가 계산 업무를 하다가 실수하면 고객이 오히려 그에게 계산 업무에 관한 조언을 하는 걸 쉽게 볼 수 있는데, 이는 고객 대부분이 로빈후드의 멤버이기에 가능한 일이다.

"로빈후드가 성장을 거듭하는 건 모두 쾨르네르키츠 동네 주민 때문입니다. 저희 숍뿐 아니라 동네를 위해, 이상적인 새로운 미래를 위해 꼭 필요한 존재죠. 개인적인 이유나 동기부여로 자본주의 구조에 반기를 들고 행동할 수 있고, 빈곤, 기후변화 같은 글로벌 문제 해결에 기부를 통해 도움을 줄 수 있는 새로운 경제 시스템에 찬성하는 의식 있는 사람들입니다."

NINI E PETTIROSSO

니니 에 페티로소 - 숨겨진
지하 공원으로 안내하는 피자리아

ADDRESS Selkesstr. 27, Berlin
INSTAGRAM @niniepettirosso
FOUNDED 2011년
PRODUCTS 피자, 파스타

니니 에 페티로소는 쾨르네르파르크로 향하는 길목에 자리해 지하 공원을 찾는 이정표 역할을 하는 곳이다. 재미있는 건 독특한 글씨체로 쓰인 간판과 강한 햇살 때문에 늘 펼쳐져 있는 어닝 때문에 10년째 같은 위치에서 운영했음에도 이곳의 상호를 제대로 아는 이들이 별로 없다는 사실이다. 동네 주민에게 이곳의 상호를 물어보면 돌아오는 대다수의 답은 '니니 피자리아'나 '페티 에 로소'다. 하지만 모두가 이곳이 쾨르네르키츠에서 제일가는 나폴리 피자를 경험할 수 있는 장소라는 데는 동의한다. 대부분 가게에서 먹기보다는 한 손에는 피자 박스를, 다른 한 손에는 맥주병을 들고 쾨르네르파르크로 향한다.

CAFÉ FINCAN

카페 핑칸 - 광장으로 기능하는 카페

ADDRESS Altenbraker Str. 26, Berlin
INSTAGRAM @cafe_fincan_berlin
FOUNDED 2009년
PRODUCTS 카페, 프로그램, 공연, 전시

카페 핑칸은 동네 주민을 위해 고안한 카페라는 점에서 상업적인 카페와 시작점이 다르다. 비정기적으로 지역 밴드의 공연, 정치 토론, 예술 전시와 북 토크, 어린이 연극 등 모든 연령대가 참여해 즐길 수 있는 이벤트가 열린다. 또 임신부를 위한 요가 프로그램이나 자이로키네시스 Gyrokinesis 같은 새로운 방식의 운동을 배울 수 있는 웰니스 프로그램도 운영한다. 카페에서 음료만 팔지 않고 다양한 프로그램을 진행할 수 있는 건 이곳이 동네 주민이 직접 운영에 참여하는 비영리 공간이기 때문이다. 동네마다 만남의 광장 같은 공간이 하나씩 있기 마련이다. 쾨르네르키츠에서 만남의 광장은 바로 카페 핑칸이다.

Studio Martha Schwindling

스튜디오 마르타 슈빈틀링

동네의 특성을 작품에 반영하는 디자인 스튜디오

LOCATION Nogatstr. 15, Berlin
TYPE 주택형 스튜디오
SIZE 약 100m²
FLOOR PLAN 지하 창고, 작업실 3개, 화장실 1개, 주방 1개

제품과 인테리어, 전시 공간을 디자인하는 마르타 슈빈틀링이 자신의 이름을
딴 스튜디오를 쾨르네르키츠의 노가츠트라세에 연 건 다양한 구성원이 일군
동네만이 지니는 독특한 지역색 때문이다. "여러 상업 공간의 '키치'한 윈도
디스플레이나 동네 주민이 직접 변형한 길가에 놓인 공용 가구 등을 보며
디자인 해법을 찾는 경우가 있어요." 슈빈틀링은 모니터 앞에 앉아 디자인
이슈를 검색하기보다, 매번 동네를 산책하며 영감을 얻는다. 숍에 걸린 간판과
동네에 버려진 가구, 다양한 인종의 스타일, 벽에 그려진 그래피티 등 정리되지
않은 무질서에서 비롯된 번뜩임이 그의 디자인 원동력인 셈이다. 창고로
사용하는 스튜디오 지하실은 그의 디자인 성향을 유추할 수 있는 공간이다.
최종 결정이 나기까지 반복해 실험하기 때문에 이곳은 항상 프로젝트를 마치고
남은 재료나 프로토타입, 실험 도구 등 여러 잡동사니로 가득하다. 때때로 그는
이를 통해 노가츠트라세 곳곳을 메운 쓰레기 뭉치를 떠올리기도 하지만, 이런
다양함 속에 파묻혀 매번 새로운 감각을 일깨운다. "저는 하나에 얽매이는
스타일이 아닙니다. 그러다 보니 좀더 자유로운 동네에서 작업하길 바랐죠.
쾨르네르키츠는 그런 지점에서 제게 이상적인 동네예요. 특히 이 스튜디오가
자리한 건물은 대형 제품의 프로토타입이 현관문을 통과할 수 있다는 점이
매력입니다. 교통도 꽤 좋은 편이고요."

"스튜디오는 3명의 작업실로 구성되어 있어요. 저는 공간 하나와 지하실을 사용합니다. 프로그래머 뤼디아 Lydia와 주얼리 디자이너 엘레나 Elena, 의복 디자이너 요하나 Johanna와 텍스타일 디자이너 미아 Mia가 공간을 나누어 쓰고 있습니다. 화장실과 주방은 공동으로 쓰고, 가끔 같이 점심을 먹거나 커피를 마셔요."

"저에게 좋은 동네는 생산과 쉼을 동시에 할 수 있는 곳이에요. 지금도 스튜디오 근처에 친구들이 거주하고 있어 일과 시간 외에는 지인과 편안한 시간을 보내죠. 친구들과 동네에 관해 얘기를 나누거나 함께 동네를 걷다 보면 이 동네에 정말 다양한 배경을 지닌 사람들이 살고 있다는 사실을 한번 더 깨닫게 돼요. 마치 세상의 축소판 같달까요? 스케일이 다르겠지만, 저 또한 그런 사람들을 위해 디자인하는 거라 생각합니다."

"봄이랑 가을에 스튜디오 창문으로 들어오는 햇살을 좋아해요. 여름이랑 겨울은 해가 낮고 다른 건물에 가리기도 해서 스튜디오에 빛이 잘 들어오지 않거든요. 그래서 오히려 너무 더운 여름이나 추운 겨울에는 점심시간을 이용해 산책을 하고 있어요. 동네 이름과 같은 명칭의 거대한 공원이 있고, 언제든 편하게 즐길 수 있는 카페, 가격이 저렴하지만 실력 좋은 셰프가 있는 음식점이 많거든요."

"쾨르네르키츠 지역은 상업 지구인 미테처럼
오피스나 스튜디오가 적은 대신 동네만이 지닌
특유의 운치가 있다고 생각해요. 삶의 기반이
단단한 동네라서 주민 대부분이 남의 눈치를
보지 않고 자연스럽게 하루를 보내는 것 같아요.
옷차림이나 자신의 위치 등을 크게 신경 쓰지 않죠.
주변 환경에 지나치게 민감한 이웃들이 아니란
의미인데, 전 그런 동네 특유의 독립성이 마음에
들어요. 물론 그 덕분에 주민과 친해지는 게 쉽지는
않았지만요.(웃음) 대신 친해지면 그 어떤 동네보다
끈끈한 유대감을 확실하게 느낄 수 있는 곳이죠."

쾨르네르키츠에 산다는 건 베를린에서도 아름답기로 손꼽히는 공원인
쾨르네르파르크를 매일같이 이용할 수 있는 특권을 갖는 것이다. 땅 밑으로
내려가야 입구가 나오는 이 공원의 주인은 늘 동네 주민이었다. 꽃과 잔디,
분수대의 수질 등을 철저하게 관리하는 이유도 이곳이 관광객이 아닌 거주민을
위한 공원이기 때문이다. 쾨르네르키츠에 살기 때문에 쾨르네르파르크를
안다는 말이 있을 정도로, 쾨르네르파르크는 베를리너 사이에서도 숨겨진
장소로 통한다. 베를린 내에서 가장 저평가된 공원이란 말을 듣는 것도 이
때문이다. 하지만 그 덕분에 주민들은 오아시스 같은 평화로운 안식처를
얻었다. 혼자 평화롭게 독서를 하거나, 반려견과 산책을 하거나, 일광욕과
요가를 하는 등 공원을 찾은 사람들은 모두 저마다의 시간을 보내는데,
대부분 서로 안부를 묻는 동네 이웃이다. 여름엔 재즈 공연이 일요일마다
펼쳐지고, 겨울에 눈이 쌓이면 온 가족이 나와 썰매를 타거나 눈싸움을 즐긴다.
쾨르네르키츠가 이웃을 중심으로 성장한 것은 바로 쉼터이자 광장 역할을 하는
이 아름다운 공원 덕분이다.

● KÖRNERKIEZ

LENNERT DEJONGHE

"반대편 건물에 비친 햇살이 제 건물로 들어오면 그렇게 행복할 수가
없어요. 해가 들지 않는 1층 빵집에 아침마다 찾아오는 축복일까요.
햇빛을 보며 읊조리죠. 힘찬 하루를 시작하기 정말 좋은 날이라고요."

RAYMUND PETERS

"어릴 때 쾨르네르파르크에서 정말 자주 놀았어요. 공원을 뛰놀고,
계단을 오르내리며 친구들과 즐거웠던 기억이 이곳에 그대로
박제되어 있답니다."

JUTTA BRENNAUER

"이웃과 함께 집 건물에 달았던 반짝이 장식입니다. 주민들의 동의가
없으면 안 되는 건데요. 다들 흔쾌히 허락해 줬어요. 덕분에 반짝이
장식이 달린 저희 집 건물은 사람들이 사진을 찍고 가는
동네 명물이 되었죠."

BARBARA SCHÜNKE

"지난주에 동네에서 길가에서 발견한 여우입니다. 동네에 종종
나타나곤 하는데요, 여유롭게 벽에 올라가 앉아있는 여우는
처음 봤어요."

MATTIS STEIB

"비슷한 높이로 지어진 주거 지역, 오래된 높은 가로수, 도로 양쪽 변에 늘어선 주차된 차. 옥상 위에서 내려다본 풍경에는 쾨르네르키츠의 바이브가 담겨 있습니다."

MARTHA SCHWINDLING

"동네 다양한 주민을 한 곳에서 볼 수 있는 미팅 포인트예요. 지하로 내려가는 공원 입구와 스포츠 파크, 어린이 놀이터, 그리고 동네를 대표하는 '피자리아'가 있는 열린 공간이죠."

ALENA KÜHN

"꽃이 피기 시작하고 따뜻한 햇살을 즐기기 위해 사람들이 모여 앉기 시작하는 쾨르네르파크의 풍경이야말로 저희 동네 최고의 매력이라 할 수 있죠."

CHARONNE,

PARIS

'파리의 마지막 마을'과도 같은 샤론 Charonne 지역은 파리 동부 끝자락에
위치한 작은 동네다. 몽마르트르 Montmartre와 바티뇰 Batignolles 등과
함께 촌락이라는 뜻이 담긴 '빌라주 village'라는 이름으로 불리다가 19세기 말
파리시로 흡수된 마을 중 하나다. 관광 혹은 산업 지구로 변모하며 생활권의
의미를 잃어버린 여타 지역과 달리 주거 공간과 동네 상권, 비영리 공공 기관이
건실히 자리를 지키고 있어 마을 단위의 공동체가 여전히 그 중심에서 제
기능을 한다. 시골 마을의 정취를 간직한 단독주택과 근대사를 품은 아파트,
포석(pavé)이 깔린 길 위에 자리한 중세 시대 건축양식의 교회와 낮은 상가
건물이 한데 자리하고 있다. 서로 다른 형태의 건물이 혼재된 동네의 불균질한
풍경은 샤론 지역 인구의 다양성을 그대로 반영하는 대목이다. 주민들은
동네 여기저기에 흩어진 작은 공원과 공공 텃밭, 도시 농장, 로컬 기반의 상점
등을 구심점 삼아 한데 어우러진다. 소박하고 정겨운 샤론의 일상에는 과거의
유산을 소중히 여기는 동시에, 더 나은 공동체적 삶을 위해 당대의 문제에
조응하고 끊임없이 대안을 모색해온 이곳 주민들의 진취적이고 화합적인
정신이 깃들어 있다.

"페르 라셰즈 공동묘지에서 조금만 걸어 나오면 사람들 눈에 잘 띄지 않고, 관광객에게는
거의 알려지지 않은 꾸밈없는(genuine) 마을 샤론이 있다. 1850년에 터를 잡은 원형의
레위니옹 광장은 친근하고 보헤미안적인 서민 동네이자, 노동 계층 가족과 예술가 및
음악가들이 모여 사는 다문화적인 샤론 마을의 중심부에 위치한다."

가디언 The Guardian

"샤론의 구시가지는 공적 공간과 사적 공간 사이의 정교하고 유기적인 결합으로 이루어져
있다. 경쟁의식이 아닌 연대 의식에 기반한 이웃 관계는 외로움에 내몰린 대형 주거 단지의
주민들과 대조된다. (중략) 샤론에서 가장 가난하고 가장 노쇠한 주민들이 사라진다면
이 마을은 그 뿌리를 잃을 것이다."

샤론 마을 보존협회 선언문(L'Association pour la sauvegarde du Village de Charonne), 1973

"샤론의 생블레즈 Saint-Blaise 거리에는 코뮌(파리 시민들이 세운 사회주의 자치 정부)의
꿈이 설익은 과일처럼 미결로 남아 있다. 고단한 삶과 맞서 그 과일을 무르익게 하는 것이
우리의 과제다. (중략) 우리는 원시적 태양, 즉 우리 개개인보다 더 큰 우리의 모습에
도달하기 위해 다 함께 일어나야 한다."

연극 <생블레즈가에 뜬 열세 개의 태양(Les 13 soleils de la rue Saint-Blaise)>

에디터 정혜선 | 포토그래퍼 찬타피치 위왓차이카몬

TALK

ARIANE GAUMONT   도시 농업 교육자
아리안 고몽

GREGORY BACK   요식업자
그레고리 백

(왼쪽부터) 아리안 고몽, 그레고리 백

환경 단체 페이장의 교육 코디네이터로서 지역의 도시 농업 교육을 담당하는 아리안 고몽과 두 곳의 레스토랑을 운영하는 그레고리 백은 각자의 분야에서 샤론 지역의 고유한 특성인 다양성을 지키기 위해 현장을 뛰어다니는 실천가다. 동네의 웰빙에 기여한다는 공통점을 지닌 두 사람은 상공간과 비영리 공간의 유기적 관계 및 조화, 지역 주민들이 몸소 보여주는 주민의식이 지역 고유의 포용성과 문화를 완성한다는 데 동의한다.

두 분의 일터인 샤론 지역에 관해 이야기를 나누기 전에, 각자 소개를 부탁드립니다.

그레고리 백(이하 그레고리): 저는 2007년부터 요식업계에 몸담고 있습니다. 제 삶은 늘 카페와 레스토랑, 바를 중심으로 돌아갔어요. 수중에 단 1유로만 있어도 꼭 카페에서 커피를 마셔야 했고, 친구들과 맥주를 즐기고, 레스토랑에서 데이트하며 20대에 번 돈의 대부분을 탕진했죠.(웃음) 외식업을 시작한 특별한 계기라고 할 건 없고, 저처럼 밖에서 먹고 마시길 좋아하는 또래 친구들과 의기투합해 소규모 바와 카페, 레스토랑을 하나둘 차린 것이 시초였어요. 파리 17구에 위치한 카브 포퓔레르 Caves Populaires와 샤론 지역의 페르 포퓔레르 Pères Populaires(이하 페르 폽) 같은 소박한 카페 겸 술집이 우리의 첫 업장이었고, 오 파사주 Au Passage나 본즈 Bones 등 캐주얼한 분위기의 미식 레스토랑까지 영역을 확장해나갔죠. 한때 32개 매장을 공동 운영할 정도로 규모가 커졌는데, 몇 해 전 동업 관계를 정리하고 각자의 길을 가기로 결정했어요. 샤론에 자리한 페르 폽과 라 비에르주는 제가 단독으로 경영하고 있습니다. 최근 몽트뢰유 지역에 카페 겸 간이식당(canteen)인 아르센 Arsene을 오픈하기도 했고요.

아리안 고몽(이하 아리안): 도시 생태 농장 페이장 위르뱅 Paysan Urbain(이하 페이장)의 환경교육 활동을 담당하고 있어요. 페이장은 파리 시내에서 새싹 채소와 식용 꽃을 재배하는 최초의 농장인 동시에 취약 계층 고용과 참여형 워크숍을 통해 사회 통합을 꾀하는 플랫폼이자, 어린이와 청소년 및 일반 주민을 대상으로 생태 교육을 실시하는 환경 단체이기도 합니다. 인턴으로 이곳에 처음 발을 들인 후 완전히 정들어버렸어요. 구애에 가까웠던 여러 차례의 입사 지원 끝에 지난 1월부터 정식으로 교육 활동 코디네이터직을 얻었죠. 그 전에는 프랑스의 대중교육연맹 리그 드 랑세뉴망 Ligue de l'enseignement에 5년간 재직했습니다. 당시 여러 도시 농업 단체와 교류하며 도시 농업 분야로 전업하고 싶다는 막연한 생각을 하게 되었죠. 2020년 3월에 도시농업학교에 등록하면서 삶의 방향을 새롭게 설정하는 전환점이 되었어요. 예상보다 빨리 직업 전향의 꿈을 실행에 옮기게 된 셈이죠.

그레고리: 2020 년 3월에 대체 무슨 일이 있었던 거죠?(웃음)

아리안: 아, 설명이 필요한가요?(웃음) 팬데믹이 찾아왔을 때 어디서 무슨 일을 하며 살고 싶은지에 대한 고민이 깊었어요. 살고 싶은 동네를 찾아 파리 18구로 이사했고, 신념에 부합하

는 일터를 찾아 수많은 기관에서 봉사 활동을 했죠. 말하자면 팬데믹이 저를 이곳으로 이끈 거나 다름없습니다.

두 분이 지역에서 일한 연차의 격차가 상당히 크네요. 각자가 느낀 샤론의
첫인상에 대해 이야기해줄 수 있나요?

그레고리: 동업하던 친구들 모두 큰 자본으로 시작한 게 아니었던 터라 업장을 인수할 수 있는 동네는 서민층이 밀집한 파리의 북동부 지역으로 한정되어 있었어요. 비교적 남쪽에 위치한 샤론은 부동산에서 굉장히 저렴하게 나온 바 건물이 있다고 해서 2007년 처음 방문했습니다. 낯선 장소임에도 놀랍도록 친숙하고 편안한 분위기라 모두가 이 동네의 잠재력을 알아본 것 같아요. 분명 우리와 감성이 통하는 동네일 거라는 무언의 확신에 이끌려 곧바로 그 바를 인수해 페르 폽을 오픈했죠.

아리안: 동네에 얽힌 제 기억은 모두 페이장 농장에 머물러 있어요. 농장은 원래 파리 근교 지역인 로맹빌 Romainville에 있었고, 2020년 초, 팬데믹이 발발한 시기에 샤론으로 이사했어요. 지금 우리가 서 있는 자리 아래에는 파리의 허드렛물이 모이는 샤론 저수지가 있어요. 이 녹지는 주택가에 둘러싸여 있지만, 건물을 짓거나 농토로 개간할 수 없는 부지라서 오랫동안 공터로 방치되어 사람들의 발길이 닿지 않았어요. 베드를 이용해 작물을 재배하는 페이장이 들어서면서 주민을 위한 공간으로 탈바꿈하게 된 거죠. 2021년에야 정비를 마치고 개방했습니다. 록다운이 한창이던 그 시기에 저는 이곳에서 인턴을 시작했고요. 집에 있기 답답해하던 주민들과 저 같은 인턴 친구들, 자원봉사자들, 끼닛거리와 일자리를 찾아온 사회 취약 계층의 사람들이 이곳으로 모여들었죠. 누가 관계자인지, 외부인인지 알 수 없을 정도로 북적이던 정원에서 다 함께 식사를 나누던 점심시간 풍경이 아직도 기억에 남네요.

그레고리는 페르 폽에 이어 두 번째 레스토랑 라 비에르주를 오픈했는데요,
이 동네를 고집하는 이유가 있나요?

그레고리: 제가 만든 공간이 누군가의 생활 일부가 되고, 사회적 교류 장소로 기능한다는 점이 꽤 근사하다고 느껴요. 이 동네는 멋진 기분을 자주 느끼게 해주는 곳이에요. 상공간을 생활 공간의 일부로 이용하는 문화는 비단 샤론뿐 아니라, 파리에서 경제력이 비교적 낮은 북동부 지역의 공통점이라고 할 수 있어요. 좁은 집에 살다 보니 거실이 아닌 집 앞 카페에서 모닝커피를 마시며 신문을 읽으며 하루를 시작하고, 사람들을 집에 초대할 수 없는 탓에 바에서 친구를 만나는 생활 방식을 채택해온 거죠. 문제는 몇 년 전부터 북쪽 동네에 투자 가치를 알아본 자본가들이 대거 몰려들어 대중적 바와 레스토랑이 점점 사라지고 있는 현상이에요. 동네가 가진 결속력을 잃어가고 있죠. 하지만 아직 외부 인구 유입이 드문 샤론은 여전히 동네 장

사를 하기 좋은 지역입니다.

아리안에게 질문할게요. 동네에 공공 정원과 텃밭이 자주 눈에 띄는 이유가 있나요?

아리안: 그레고리가 답변한 서민 동네에 카페와 바 문화가 유독 발달하는 현상과 같은 맥락에서 이해할 수 있어요. 도시 농장이나 공공 텃밭이라고 하면 왠지 젊은 힙스터 그룹의 모습을 떠올리는 경우가 많은데요, 사실 도시 농업의 시작점은 노동자와 사회적 취약 계층이에요. 프랑스에서 처음 도시 농업을 시작한 이들 역시 1990년 초 집 근처에 농토를 조성한 노동자 계층이었죠. 샤론의 소규모 농토 중 일부는 도시 개발의 일환으로 조성한 부지이지만, 과거 노동자 계층이 일군 농장 부지를 재활용한 사례도 많아요. 이 밖에도 공동체를 위해 적극적으로 활동하는 주민 자치 단체가 많다는 점을 주목해, 도시 농업 단체나 친환경 푸드 스타트업이 샤론으로 모여들고 있어요.

샤론은 자기만의 속도를 유지하는 동네라는 생각이 듭니다.
그 요인을 무엇이라 보나요?

그레고리: 전적으로 상인의 입장에서 말하자면, 이웃과 상인 사이의 돈독한 신뢰 관계가 샤론 지역이 특정 계층을 배제하지 않고 천천히 변화하는 데 밑거름이 된 것이 아닌가 싶습니다. 제가 운영하는 공간들은 대부분 서비스가 형편없어요.(웃음) 서비스도 결국 비용인데요, 필요한 만큼의 서비스만 제공함으로써 더 저렴한 가격으로 양질의 식음료를 제공하는 것이 저희의 운영 방식입니다. 이곳에는 비슷한 장사 철학을 지닌 상인이 꽤 많고요. 서비스가 단출하면 불평할 만도 한데, 동네 사람들은 제 마음을 알아주는 것 같다고나 할까요? 15년간 페르 폽을 운영하는 동안 제 방향성에 늘 동참해주었어요. 식재료의 질을 높이기 위해 메뉴를 간소화했고, 최근에는 고객에게 가격 부담이 될까 봐 엄두를 내지 못하던 내추럴 와인도 들여왔죠. 와인을 대량으로 들여와서 원하는 만큼만 뽑아 마실 수 있게 해 가격을 대폭 낮출 수 있었어요.

이외에도 레스토랑 차원에서 하고 있는 이웃들을 위한 노력이 있나요?

그레고리: 취약 계층인 일부 손님에게는 공짜로 커피와 밥을 제공하고, 팔리지 않은 식재료와 음식은 저소득층을 돕는 지역 단체에 배달하고 있긴 하지만, 그 활동을 홍보하거나 다른 손님들의 참여를 요구하지는 않아요. 제 공간에선 모두가 걱정 근심 없이 좋은 시간을 보냈으면 하기 때문인데요. 함께 즐거운 시간을 나누는 것만큼 지역사회의 관계 개선에 도움이 되는 일도 없다고 생각합니다.

아리안도 그레고리와는 다른 자리에서 지역사회 통합이라는 미션을 실천하고 있잖아요.

아리안: 맞아요. 그레고리의 말을 듣는 내내 분야는 다르지만, 비슷한 일을 하고 있다는 생각이 드네요. 저희는 농산물 유통과 교육 활동에서 주민들 간의 협동 체제를 늘 고민해요. 새싹 채소와 식용 꽃은 투 봉 Tout Bon과 켈봉구 Kelbongoo 등 동네의 유기농 마트와 레스토랑, 타 지역의 대형 마트에 유통해요. 더불어 저소득층에 식재료를 배급하는 애플리케이션 업업 Up Up, 복지 식료품점 에피세리 솔리데르 Epicerie Solidaire에도 농산물을 조달하고 있죠. 지역 소재의 학교, 시청, 노숙자를 돕는 오트르몽드 Autremonde와 지체 장애 청소년 재활 기관 같은 비영리단체와 결연해 정원 교육 프로그램도 진행하고 있어요. 안면 부상자나 출소자 등을 대상으로 한 직업교육 또한 맡고 있고요. 매주 수·일요일은 주민들에게 농장을 개방하는데, 내고 싶은 만큼의 지참금을 지불하고 꺾꽂이, 조류 관찰, 인퓨전 만들기 등 다양한 활동에 참여하죠. 곧 공사를 마치는 내부 파빌리온은 학생들을 위한 수업 장소이자, 워크숍 장소가 필요한 주변 회사에 유료로 대여하는 공간이 될 거예요. 주민, 지역 단체, 상인, 직장인까지 다양한 구성원을 연결해 다원적 도시 농업 생태계를 만드는 것이 목표죠.

관광지와 동떨어진 샤론은 좀처럼 변하지 않는 동네로 알려졌지만, 최근 변화가 가속화되는 느낌을 받습니다. 이곳도 젠트리피케이션 현상을 겪고 있다고 보나요?

그레고리: 젠트리피케이션의 기준을 무엇으로 보느냐에 따라 좀 다를 것 같아요. 중산층이 대거 유입된 것은 맞지만, 저소득층이 실제로 많이 내몰렸는지는 잘 모르겠어요. 15년간 페르폽을 운영할 때부터 지금까지 자리를 지키는 단골층도 변함없어요. 그들이 레스토랑을 계속 찾아오는 한 저는 샤론을 '돈이 없어도 살 만한 동네'라고 생각할 것 같아요.
아리안: 비록 그 변화를 감지할 수 있을 만큼 동네에 오래 머물진 않았지만, 이곳은 아직까지는 젠트리피케이션에 잠식되지 않았다고 느껴요. 서로 다른 계층의 사람들이 같은 학교와 공터, 카페, 식료품점에서 만날 수 있어서요. 페이장에도 다양한 주민들이 자발적으로 찾아와요. 토마토 모종을 사러 들르는 할아버지, 닭을 돌보러 오는 할머니, 전업을 준비 중인 청년, 실업자, 부모님을 데리고 오는 아이들까지요. 그들은 자연스럽게 사회 복귀 프로그램에 참여하기 위해 이곳을 찾는 취약 계층과 만나요. 솔직히 말하면 큰 고민 중 하나는 주민들이 페이장을 동네 공원으로 착각한다는 점이에요. 나머지 시간은 작물을 생산하는 농장인데 말이죠. 도시락을 챙겨 농장 한복판에 자리 잡는 이웃이 많아서 때로는 당황해요.(웃음) 비교적 최근 상권이 형성된 근교 지역인 팡탱 Pantin이나 몽트뢰유 Montreuil가 젠트리피케이션이 심한 동네라는 인상을 받기는 합니다. 새로 유입된 중산층이 가는 상공간, 기존 주민들이 가는 상점이 확연히 분리되어 있고, 중산층 가정을 찾아볼 수 없는 공립학교가 늘어나고 있거든요. 이웃에 살 뿐 서로 마주치지 않는 거죠.

그레고리: 몽트뢰유에 사는 주민으로서 공감하는 바예요. 집 근처에 페르 폽과 비슷한 식당을 열었는데, 가격대가 비슷한데도 그곳은 특정 계층의 고객만 찾아오는 것이 현실이에요. 사회적 다양성이 반드시 인구 구성의 다양성과 연관이 있는 건 아닌 거죠. 그런 의미에서 샤론은 사회적 다양성이 잘 어우러진 보기 드문 동네인 것 같아요.

사회적 다양성 외에도 각자 생각하는 좋은 동네가 갖춰야 할 조건은 무엇일까요?

그레고리: 제가 생각하는 좋은 동네는 밤늦게까지 여는 식료품점과 카페, 문화생활을 할 수 있는 영화관과 극장 같은 시설이 가까운 거리에 자리하는 곳이에요. 도시 생활의 진정한 묘미는 이웃 상권과의 '물리적 근접성'인 것 같아요. 저의 경우 물리적 근접성이 정서적 친밀감으로 이어지곤 하거든요. 매일 필요한 양만큼만 장을 보는 저에게 동네 상인과 잠깐 대화하는 시간은 여가 활동이나 다름없어요. 이웃 상인들과의 소통이 동네를 내 집처럼 편하게 느끼게 하는 데 일조하죠.
아리안: 상업 공간과 비상업 여가 공간의 균형인 것 같아요. 그레고리가 하는 일과 제가 하는 일은 매우 상호 보완적이죠. 앞서 이야기했듯 사회 통합의 층위가 다양할수록 주민 간의 결속력은 더 단단해진다고 봅니다. 적은 돈으로도 좋은 시간을 보낼 수 있는 카페, 도시 환경과 공동체에 대한 감수성을 고조시킬 수 있는 녹지 공간 모두 고립의 시대를 살아가는 도시인의 삶에 반드시 필요한 장소라고 생각해요.

대화를 들으면서 '서로 돌보지만 겉으로 티 내지 않는 무심함'이 동네를 관통하는 태도인 것 같다고 느껴져요. 태도가 드러나는 일화가 궁금합니다.

아리안: 페이장과 이웃한 스탕달 Stendhal 거리를 지나면 가로수 밑 자투리땅에 조성된 작은 정원을 볼 수 있는데요, 모두 주민이 직접 가꾼 땅이에요. 자투리 정원의 시초는 한 동네 어르신이었다고 해요. 본인이 좋아하는 꽃을 심고 울타리를 두른 할아버지를 따라 동네 주민들이 집 근처 가로수 아래에 작물을 심기 시작했던 거죠. 도시 농업 생태계를 조성하는 일은 주변을 돌보는 주민 의식 없이는 불가능하기에 친환경적이고 친공동체적인 성격을 띠어요. 1m² 도 안 되는 녹지에 온갖 작물이 자라는 모습에서 동네의 큰 희망을 엿볼 수 있어요.
그레고리: 동네 빵집 르 브리슈통 Le Bricheton의 오너인 뷔시의 아버지 티에리 Thierry와 오토바이 숍 겸 수리점의 주인 자크 Jacques는 이웃을 도와주느라 동네를 누비는 명물이에요. 도대체 그 에너지가 어디서 나오는지 궁금하게 만드는 두 어르신은 공구나 기물을 빌려주거나 물건을 보관해주는 작은 도움은 물론, 비영리단체를 위해 동네 레스토랑을 다니며 유기성 쓰레기를 직접 수거하고, 버려진 포도밭을 일구고, 동네 뮤지션의 콘서트를 개최하는 일까지 발 벗고 나서죠. 두 사람만큼 샤론의 연대감 형성에 기여하는 인물은 없을 겁니다.

Grégoire Dyer

그레구아르 데예르

정서적 안정감을 주는 소박한 집

LOCATION 레위니옹 지역(quartier de la réunion)
TYPE 아파트
SIZE 약 65m²
FLOOR PLAN 방 2개, 화장실 1개, 주방 겸 거실, 발코니

패션계를 주 무대로 활동하는 영상감독 그레구아르 데예르는 10년 전 프랑스 파리의 샤론으로 이사했다. "이곳에 정착한 후 계속 같은 집에 살고 있어요. 커다란 통창과 발코니가 딸린 1970년대 스타일 아파트는 제 취향과 꼭 맞았죠. 이 동네를 선택한 이유는 순전히 집 때문이었지만, 얼마 되지 않아 샤론 지역과 완전히 사랑에 빠졌어요." 데예르의 아파트는 파리에서 보기 드문 12층짜리 고층 건물로 구성된 주거 단지에 위치한다. 술집과 카페, 식료품 가게가 즐비한 피레네 Pyrénée 거리, 레위니옹 Réunion 광장과 이웃한 단지 역시 샤론 특유의 꾸밈없고 소박한 분위기를 자아내고 있다. "집의 일부처럼 느껴지는 동네가 깊은 정서적 안정감을 줘요. 처음 5년은 친구들과 함께 살았는데, 그때 아내를 룸메이트로 만났어요. 연인이 되고 둘이서 살림을 꾸렸고, 3년 차에는 아이도 태어났죠. 10년간 가족 구성에 많은 변화가 있었지만, 여기선 늘 환영받는다고 느껴요. 이곳을 떠난다는 생각은 단 한 번도 해본 적 없죠." 더불어 사는 삶을 지향하고, 새로운 것을 바삐 좇는 흐름에 저항하는 동네 분위기 또한 그에게 일과 일상의 균형을 찾고 숨 고를 여유를 준다. "보이는 것보다 주민들의 삶에 가치를 두고 천천히 진화하는 샤론의 모습을 통해 저 역시 사람 사는 이야기를 영상에 담고, 인물들의 진솔한 모습과 감정을 전달하는 일에 더욱 관심을 가지게 되었죠. 이 동네는 창작에도 큰 영감을 줍니다."

"샤론은 도시 전체가 곧 관광지인 파리에서 유일하게
명소가 없는 지역입니다. 대규모 집객 시설이나 큰
공원도 없죠. 주민이 아니라면 이곳에 굳이 찾아올
이유가 없어요. 그래서인지 이곳의 가게들은 시선을
끄는 외관이나 내부 장식에 공들이는 대신 주민에게
보다 양질의 제품과 서비스를 제공하고, 친밀한
관계를 맺는 데 더 큰 노력을 기울여요."

"좋은 동네는 어디를 가든 '내 집'처럼 느낄 수
있는 곳이 많아야 해요. 매번 가족의 안부를 묻는
식료품점 주인, 아이가 집 안과 밖에서 안전하고
편히 놀도록 서로의 문을 열어두는 이웃들,
발코니에서 아이가 노는 모습을 지켜볼 수 있는
아파트 단지 내 중앙 공터, 공터에서 레위니옹
광장까지 이어지는 보행자 전용 거리 같은 것들요.
사소한 것이어도 이 동네를 따뜻한 보금자리처럼
느끼는 이유죠."

"저소득층을 위한 공영주택이 밀집한 생블레즈 광장 근처는 제가 여기 온 이후로 도시 재생 사업이 끊이지 않았어요. 최근 정비를 통해 쾌적해진 생블레즈의 쉼터 살라망드르 Salamandre 공원과 인근 주택가를 지나면 괜스레 기분이 흐뭇해지곤 하죠. 빈곤 인구가 많고 마약 거래가 성행한 곳이어도 이상할 만큼 평화로운 이유는 지역사회 차원에서 이들을 배제하지 않고, 더 나은 삶의 환경을 조성하는 데 힘쓴다는 사실을 주민들이 피부로 체감하기 때문인 것 같아요."

"샤론도 오래전부터 젠트리피케이션 문제가 있었지만, 결코 '제2의 몽마르트르'가 되지 않을 거라 믿는 이유는 동네 사람들 덕분이에요. 역사적으로 사회·정치 운동이 활발하게 이루어졌기에 여전히 사회주의 성향이 짙고, 친공동체적인 동네를 만들기 위한 자치단체도 많죠. 어린이집 등 공공 서비스 기관, 로컬을 기반으로 한 상권과 편의 시설이 갑자기 화려한 옷 가게나 리빙 숍으로 바뀌는 광경을 주민들이 가만히 지켜보고 있지만은 않을 거예요.(웃음)"

연대와 포용으로 사람을 모으는 공연장

ADDRESS 102 Bis Rue de Bagnolet, Paris
INSTAGRAM @flechedor20
FOUNDED 1995년
PURPOSE 공연장, 비영리 시민 단체

SHOP

La Flèche d'or

라 플레슈 도르

프랑스 파리의 예술학도들이 서로 힘을 모아 버려진 전철역을 콘서트 카페로 탈바꿈해 1995년 재탄생한 라 플레슈 도르는 대안 문화 공간이다. 파리의 언더그라운드 음악과 예술 신(scene)의 구심축으로 기능하던 이곳은 소음 공해와 재정 문제로 2016년에 문을 닫았다. "민간 기업에 인수되고 되팔리기를 반복했죠. 3년 전 정부의 조세 정책에 항의하는 노란 조끼(Gilets Jaunes) 운동을 중심으로 환경주의자와 저를 비롯한 LGBTQI 운동가들이 이곳에 모여들었어요. 투쟁의 동기와 목적이 모두 달랐던 사람들이 모여 광범위한 사회운동 공동체가 형성되고, 지역 주민들이 연대하며 플레슈 도르가 새롭게 시작하는 단초를 마련했죠. 파리 20구의 동회가 나서서 이곳을 공공 소유로 돌릴 것을 권고하자 2020년에 파리 시가 인수해 다시 시민의 품으로 돌아오게 되었습니다." 플레슈 도르의 공동 운영자 닐스 로레 Nils Loret는 플레슈 도르를 지역사회와 소수자를 위한 공간이라고 소개한다. "소외된 계층까지도 포용하는 사회를 꿈꾸는 10여 개의 서로 다른 컬렉티브가 모인 이곳의 운영 원칙은 특정 계층이나 이념에 국한되지 않고, 공간이 필요한 모든 사람에게 열려 있어야 한다는 것이에요. 특히 플레슈 도르를 여는 데 힘써준 샤론 주민들은 언제나 환영이죠."

플레슈 도르가 자체 운영하는 복지 식당은 늘 사람들로 북적인다. 가격이 정해져 있지 않고 개인이 낼 수 있는 만큼 돈을 지불하는 시스템으로 운영하고 있다. 주민 회의, 농가와 소비자를 연결하는 기구 아맙 AMAP 등의 비영리단체 모임 호스팅, 로컬 창작자들과 주민들이 주최하는 플리마켓이 열리는 등 이곳은 흡사 마을회관을 방불케 한다. 점심시간 이후 동네 여성들이 삼삼오오 모여든 광경도 볼 수 있는데, 직업 활동을 하지 않는 여성들이 꾸린 '행복한 여인들의 카페(Café des Heureuses)' 모임이다. "낮에는 주로 복지 식당을 비롯해 식료품·위생용품 수거와 무상 배급 등 저소득층을 돕는 프로그램을 운영하고, 저녁에는 언더그라운드 신이 중심이 된 공연과 파티가 열려요. 낮에 이곳을 찾는 사람들이 문화 예술 프로그램에도 참여하도록 입장료 역시 내고 싶은 만큼 내도록 해요. 문화가 기본 권리임을 알고, 특정 계층의 전유물이 되지 않도록 하는 일도 우리의 주요 과제 중 하나입니다." 로레는 사회 계층 간의 격차를 좁히기 위해 노력하는 플레슈 도르의 다양한 활동이 주변의 동네 기관과 상인의 도움 없이는 불가능하다고 강조한다. "맞은편에 위치한 시립 미디어 테크는 공연마다 수십 개 의자를 무상으로 빌려줘요. 복지 식당의 식재료도 모두 지역에서 수급하죠. 도시 농업 단체 '베니 베르디 Veni Verdi'는 옥상에서 재배한 채소를 공급하고, 동네 시장 상인과 상점은 유통기한이 임박한 식재료를 정기적으로 배달해줍니다. 동네 청소년을 대상으로 제빵 수업을 진행하는 동네 베이커리 '르 브리슈통'도 학생들이 만든 빵을 공급하고요. 주민들의 적극적인 지원과 지지 없이는 불가능한 일이에요."

"샤론은 연대 의식이 강하고 진보적인 동네로 알려져 있습니다. 사회의 온갖 차별과 소외에 맞서는 플레슈 도르가 샤론에 자리 잡았다는 것은 남다른 의미를 갖죠. 플레슈 도르는 이해관계가 아닌 자발적이고 일상적인 지역사회의 연대가 가능하다는 사실을 몸소 증명해 보이는 공간이거든요. 파리라는 대도시에서 이런 형태의 공간은 아마 유일무이할 거예요."

환경을 위한 실천의 본보기가 되는 유기농 슈퍼마켓

ADDRESS 120 Rue des Pyrénées, Paris
INSTAGRAM @toutbon.bio
FOUNDED 2019년
PRODUCTS 식료품, 화장품, 가정용품

SHOP

Tout Bon

투 봉

무채색 주거 빌딩들 사이로 노란색 건물 외관이 눈길을 끄는 투 봉은 샤론에 자리 잡은 지 3년 남짓 된 유기농 슈퍼마켓이다. "20~30대의 대부분을 삭막한 사무실에 갇혀 지낸 오드와 저는 삶뿐만 아니라 본업에서도 의미를 찾고자 하는 공통된 바람을 가지고 있었어요. 그렇게 둘이 의기투합해 투 봉을 열게 되었죠. 저희를 부부로 오해하는 경우가 많지만 친척지간입니다.(웃음)" 친환경 로컬 소비를 적극적으로 실천해온 오드 바르덴 Aude Bardaine과 로망 그로스피롱 Romain Grospiron이 합심해 문을 연 투 봉에서는 유기농 신선 채소와 가공식품, 친환경 가정용품, 화장품, 천연 의약품에 이르기까지 실생활에 필요한 대부분의 물건을 구할 수 있다. "먹을 거리를 포함해 모든 소비 행위가 사회와 환경에 미치는 영향을 걱정하는 소비자가 늘고 있어요. 생활 전반에 걸쳐 의식 있는 소비를 하고자 하는 사람들이 거의 모든 생활필수품을 살 수 있는 곳이죠." 이들은 포장 없는 상품과 공병 환급 상품 코너를 따로 운영하고, 친환경 방식의 폐기물 관리에도 앞장서고 있다. 환경과 인체에 미치는 영향을 따져 고품질의 상품을 엄선하는 까다로운 입점 기준 등의 운영 방침을 따르지만, 누구나 쉽게 들를 수 있는 친근한 분위기다. "투 봉이 사회적·경제적 배경이 서로 다른 주민들이 만나고 소통할 수 있는 인간적인 장소이길 바랐어요. 경제적으로 여유 있는 주민만 찾는 고급 식료품점이 되지 않기 위해 제품군별 저렴한 가격대의 상품을 하나 이상 제안해요. 특히 양질의 제품을 합리적 가격에 제공하는 가장 좋은 방법은 포장을 없애는 거예요. 자랑스럽게 여기는 부분도 매장 오픈 초기에 비해 비포장 제품의 판매 수익이 현저히 늘었다는 점인데요. 그만큼 새로운 소비 방식을 선택하는 사람이 점점 많아지고, 동네에 작지만 긍정적 변화를 일으켰다는 사실을 방증하기 때문이죠. 운영 초기부터 지금까지 유통기한이 얼마 남지 않은 상품은 동네의 취약 계층에 식료품을 조달하는 단체 '무아송 솔리데르 Moissons Solidaires'와 '플레슈 도르'의 복지 식당에도 매주 배달해왔어요."

높은 진열대에 상품이 빽빽이 차 있는 식료품점과 달리, 각기 다른 높낮이의 진열대를 두어 이곳에 들어온 손님들 사이에는 자연스러운 대화가 오고 간다. 특히 매장 밖에 마련한 공공 퇴비함(compost)은 주변에 거주하는 지역민들의 화합을 도모한다. "매장에서 발생하는 유기 폐기물을 도시 농업 단체 '베니

베르디', 에 Haies 거리에 위치한 옥상 텃밭 '자르댕 쉬르 르 투아 Jardin sur le Toit', 공공 정원 '르 생캉트시스(Le 56)'에 공급해왔어요. 한 손님이 주민들의 폐기물도 함께 수거하면 어떠냐는 제안을 했고, 주민 모두가 이용할 수 있는 퇴비함을 설치하게 되었죠. 인기는 예상 밖이었어요. 한 달 평균 1톤 가량의 폐기물을 수거하게 되자 대형 폐기물 재활용 단체와도 결연을 맺게 되었죠. 비용이 들긴 하지만 주민들이 환경을 위한 실천을 하는 데 도움이 된다는 사실 자체만으로도 큰 보람을 느낍니다."

"샤론 지역을 대변하는 단어는 단순함이에요. 인간관계에서 단순함만큼 의미 있는 개념이 또 있을까요? 이 동네는 사는 곳을 자신의 사회적 지위를 드러내는 수단이 아니라, 다양한 사람과 교류할 수 있는 실제 삶의 터전으로 여기는 사람이 많습니다. 점원과 손님의 대화만 들어도 알 수 있어요."

최상의 음식 경험을 위해 노력하는 로컬 레스토랑

ADDRESS 58 rue de la Réunion, Paris
INSTAGRAM @la_vierge_paris
FOUNDED 2018년
PRODUCTS 프랑스 가정식, 와인

SHOP

La Vierge

라 비에르주

라 비에르주는 샤론 지역의 터줏대감으로 통하는 카페 겸 식당 페르 포필레르의 오너 그레고리 백이 선보인 두 번째 레스토랑이다. "페르 포필레르가 누구나 부담 없이 양질의 식음료를 저렴한 가격에 즐길 수 있는 곳이라면, 라 비에르주는 주민들이 특별한 기분을 내고 싶은 날 들르는 근사한 레스토랑에 가까워요." 2006년부터 페르 포필레르에서 근무하며 샤론을 처음 알게 된 매니저 폴린 감뱅 Pauline Gambin은 라 비에르주의 오픈부터 함께한 원년 멤버다. "그레고리가 이 식당을 인수하기 전에도 비에르주라는 이름의 비스트로였어요. 요리는 지극히 평범했지만 동네에서 유일하게 품질 좋은 와인을 취급해 단골손님층이 두꺼웠다고 해요. 전 주인은 아무에게나 식당을 팔고 싶지 않아 인수 제안을 여러 차례 거절했다가, 마음이 잘 맞는 그레고리에게 가게 열쇠를 넘겨준 거죠." 라 비에르주는 파리 미식 신에서 내로라하는 셰프들이 제철 식재료로 만드는 요리와 전문가가 엄선한 내추럴 와인을 선보인다는 기조 아래 시작했지만, 과거의 동네 식당이 지닌 정신을 보전하는 일도 중요하게 여겼다. 외관과 간판 및 내부 인테리어는 대부분 그대로 두었고, 최대한 주민에게 합리적 가격에 식사를 제공할 수 있는 방법을 고민했다. "최상의 재료와 합리적 가격, 어느 하나 타협할 수 없었어요. 그래서 점심 메뉴는 최소한의 마진만 남기는 방향으로 운영해요. 퀄리티 높은 친환경 식재료만 고집하며 전식과 본식, 디저트로 구성한 세 가지 코스 요리를 19유로에 제공하기로 한 결정은 거의 투쟁에 가까운 일이었죠. 하지만 저희의 노력에도 불구하고 양이 적다거나 가격이 비싸다고 불평하는 손님이 초반에 꽤 많았어요. 특히 이전 레스토랑 단골들의 반응은 싸늘했어요. 그러나 점점 진심을 알아주는 고객이 하나둘 다시 찾아오기 시작했습니다. 기존 고객에게 다가가려는 노력이 헛되지 않았다는 걸 실감하는 감동적인 순간이었죠."

동네에서 일하는 직장인과 주민으로 가득한 점심시간대와는 달리, 저녁에는 이곳의 요리를 맛보기 위해 멀리서 일부러 찾아오는 손님이 많다. "요즘은 어느 식당을 가도 음식보다 인스타그램 계정에 올릴 사진에 관심이 많은 사람을 흔히 볼 수 있는데요, 라 비에르주에서만큼은 달라요. 접시에 놓인 음식, 잔에 담긴 술, 식사를 함께 하는 사람과의 대화에 오롯이 집중하는 손님이 대다수죠. 특유의 화기애애한 분위기는 전적으로 직원과 손님이 만든다고 믿습니다." 이른 아침부터 저녁까지 분주한 셰프들, 거리에서 마주친 이웃 상인과 반갑게 이야기 나누는 직원들의 모습은 레위니옹 광장에서 빠질 수 없는 풍경이다. "저희가 커피를 마시러 거의 매일 아침 들르는 '카페 상농 Cafe Sans Nom'은 동네 상인들이 한데 모이는 장소예요. 그뿐 아니라 출근을 준비하는 직장인, 청소부, 퇴직한 노인까지 온갖 군상이 모여드는 카페는 마치 샤론 지역의 축소판과도 같죠. 동네 주민은 아니지만 이곳에 제 삶의 터전만큼이나 큰 애착을 느끼는 이유는 카페 상농과 같은 로컬 숍과 다정한 이웃들 때문입니다."

"아기자기한 건물과 보행자 전용 거리가 많은 샤론의 레위니옹 광장 주변은 여전히 시골 마을의 정취를 느낄 수 있는 곳이에요. 제가 자란 바티뇰 Batignolles을 비롯한 파리의 오래된 동네 대부분이 젊은 부부와 쇼핑 스폿으로 가득한 영혼 없는 마을이 되어버렸죠. 하지만 샤론에서는 주민들끼리 정겹게 이야기를 나누는 모습을 쉽게 볼 수 있을 만큼 시골 마을 같은 특유의 정겨움이 녹아 있습니다."

LE BRICHETON

르 브리슈통 – 특별한 천연 발효 빵을
선보이는 작은 빵집

ADDRESS 50 Rue de la Réunion, Paris
INSTAGRAM @lebricheton
FOUNDED 2016년
PRODUCTS 천연 발효종 빵

르 브리슈통은 평범한 베이커리처럼 보이지만, 파리 어디에서도 맛볼 수 없는 특별한 천연 발효 빵을 만든다. 프랑스 재래종 밀과 곡물, 파리 내 분출식 우물(artesian well)에서 길어 올린 물, 올론 Olonne섬 주변 청정 해역의 소금으로 매일 정성스레 빚어내는 르 브리슈통의 빵에는 친환경 농업과 전통 식품 제조 기술을 고집하는 제빵사이자 오너 막심 뷔시 Maxime Bussy의 철학이 고스란히 담겨 있다. 평일 오후 4시부터 8시까지만 운영하는 매장은 퇴근길 직장인과 학교를 마친 아이의 손을 잡고 오는 가족으로 가득해 거리의 오후 풍경에 활기를 불어넣었다고 평가받는다. 유기농 꿀, 신선한 달걀, 소시지, 치즈, 내추럴 와인 등 직접 엄선한 식료품도 함께 구매할 수 있다.

LIBRAIRIE LE MERLE
MOQUEUR

리브레리 르 메를 모쾨르 – 생각과
지식을 나누는 장으로 기능하는 서점

ADDRESS 51 rue de Bagnole, Paris
INSTAGRAM @lemerlemoqueur.librairie
FOUNDED 1999년
PRODUCTS 책, 문구류

북 셀러 출신의 야니크 뷔르탱 Yannick Burtin이 주민들의 삶에 깊이 뿌리내린 독립 서점을 만들고자 문을 연 곳으로, 문학과 인문학, 예술 서적, 실용서, 만화, 아동 도서를 아우르는 종합 서점이다. 소박한 분위기의 바뇰 Bagnole가 37번지에 자리잡은 서점은 2006년에 버려진 차고지를 개조한 새 매장으로 이전하며 예술서와 실용 도서 코너를 확장했다. 진보적이고 첨예한 작품만 엄선한 문학·인문학 코너와 만화를 비롯한 대중적 도서 코너의 비중이 대등한 점도 지식인, 비영리 단체, 저소득층과 대학생이 공존하는 인구 구성을 반영한 결과다. '샤론의 축소판'이라는 별칭답게 사람들을 연결하고, 공동체를 위한 의견이 오가는 문화 허브 역할을 충실히 해내고 있다.

NeM
Architectes

NeM 건축사무소

여유와 위트로 가득한 업무 공간

LOCATION 29 Rue Vitruve, Paris
TYPE 오피스
SIZE 400m² (공유 공간 포함)
FLOOR PLAN 주방, 듀오 사무실, 오픈 스페이스, 모형 제작 아틀리에, 회의실

루시 니네 Lucie Niney와 티보 마르카 Thibault Marca로 구성된 듀오가
이끄는 NeM 건축사무소(Niney and Marca Architects)는 레위니옹 광장과
생블레즈 지역을 가로지르는 비트뤼브 Vitruve가에 위치한다. 현대식 아파트
사이로 드문드문 자리 잡은 소규모 상점이 전부인 거리로 2019년에 이사했다.
"이전의 오피스는 밤낮없이 활기차고 부산한 메닐몽탕 Ménilmontant 지역에
있었어요. 주변에 근사한 식당과 카페가 많고, 공간 규모에 비해 가격이
매우 저렴하다는 장점이 있었지만, 출퇴근길이 시끌벅적하고 잠시 머리를
식힐 수 있는 쉼터가 없어 늘 아쉬웠어요. 그래서 주변이 조용한 새 공간을
찾다가 가정집으로 쓰던 이 건물을 발견했죠. 인근에 보행자 전용 도로와
공터가 많은 고요한 동네 분위기도 좋았지만, 길 이름이 최초로 건축 이론을
정립한 고대 로마 학자의 이름인 비트루비우스 Vitruvius라는 사실에도
마음이 끌렸습니다.(웃음)" 문화 예술 공간부터 주거 단지, 예술가의 작업실,
시노그래피까지 아우르는 NeM이 전개하는 전방위적 활동의 구심점인 미적
간결함과 유동성은 기존 건물 가벽을 모두 허물고 기본 골조만 남긴 사무
공간에서도 여실히 드러난다. "400m²에 달하는 공간을 약 15명의 직원들
외에도 실내 건축가, 가구 디자이너, 건축 스튜디오, 화가, 건축 사진가와
공유하고 있어요. 분야는 다르지만 서로 조언을 아끼지 않고 협업하기도 해요.
직장 동료나 마찬가지죠." 분홍색 테라스, 따뜻한 컬러와 소재의 가구, 상상력을
자극하는 작품이 온기를 더하는 오피스는 주거 공간과 사무 공간의 경계를 지운
듯하다. "지나치게 진지하고 엄격한 건축 분야에 인간미와 유희를 불어넣고
싶어요. 비록 샤론은 미학적으로 영감을 주는 동네는 아니지만, 고유한
소박함과 여유로움은 건축가로서 견지하고 싶은 자세를 성찰하게 만듭니다."

"파리에서 소음 공해가 없고, 인적이 드물며,
모두에게 개방된 공터를 찾기란 생각보다 쉽지
않아요. 크기도 작고 특별히 아름답지도 않지만,
샤론에는 평온한 분위기가 가득한 동네에서 오랜
시간을 보내본 사람만이 알 수 있는 숨은 매력이
있어요. 사무실 이전 후에 고요함이 주는 행복을
일상적으로 누린다는 게 얼마나 호화스러운
일인지 다시금 깨달았죠."

"일하기 좋은 동네는 먹을거리가 다양하게 있는
곳이에요.(웃음) 우리가 특히 즐겨 찾는 '라
비에르주'와 '데 테르 Des Terres'는 평범한 동네
식당 같지만 수준급 요리를 선보이죠. 두 곳 모두
제철 식재료를 활용해 매주 새로운 메뉴를 제공하기
때문에 매일 들러도 질리지 않아요. 이란 음식
전문점 '아 타블 A Table'과 파리에서 손꼽을 정도로
맛있는 디저트를 선보이는 제과점 '오 가토
Ô Gâteau'도 자주 찾는 단골집이에요."

"파리에서 유일하게 공동묘지가 딸린 중세 시대 교회
생제르망 드 샤론 Saint-Germain de Charonne
과 1930년대에 아르데코 양식으로 지은 생 장
보스코 Saint Jean Bosco가 상징하듯 샤론의 문화는
모자이크와도 같아요. 알록달록한 원색의 서양식
분수, 동양의 소나무와 신식 건물 등 파리라는
도시의 문맥에서 벗어난 온갖 요소가 혼재한
레위니옹 광장은 샤론 지역의 정체성을 대변해요."

"샤론의 동쪽에 위치한 생블레즈 지역은 유럽에서
가장 인구밀도가 높고 빈곤한 지역 중 하나예요.
저소득층 가구가 밀집한 곳이지만 가족적 분위기를
유지할 수 있는 이유는 꾸준한 도시 개발의 영향이
크죠. 이웃 동네 간 왕래를 위해 도로 정비도
지속적으로 진행해온 것은 물론이고요. 건축가로서
기존 건축물을 싹 부수고 새로 짓는 도시 개발
정책은 시대착오적이라고 봅니다. 작은 부분부터
개선해 주민들 간의 상호작용과 지역사회의 조화를
이끌어낸 이곳이 곧 성공한 도시 개발의 본보기가
아닌가 싶습니다."

"동네의 본질적 의미는 '이웃과 공동의 생활'을
이루는 지역이에요. 아파트만 빽빽하게 들어선
주거 단지, 회사만 있는 업무 지구, 상점이 즐비한
시가지에서 이웃과의 교류를 기대하긴 어렵죠. 그런
의미에서 샤론은 주거 공간과 사무 공간, 상공간
사이의 균형이 조화를 이룬 동네입니다. 주민과
직장인, 상인의 공생 관계가 통합적이고 문화적으로
풍부한 삶의 터전을 일구죠."

샤론 지역의 공공장소들은 고즈넉한 주택가 사이에 있는 듯 없는 듯
자리하지만, 주민들 사이의 결속과 통합의 노력을 엿볼 수 있다는 공통점이
있다. 샤론의 대표 쉼터 '레위니옹 광장'의 서쪽으로 난 길 에가에 숨어 있는
2개의 옥탑 정원 '자르댕 쉬르 르 투아'와 '자르댕 페르셰 Jardin Perché'는
주민협회와 지역 내 비영리단체가 함께 만들어나가는 공간으로, 주말마다
주민에게 개방한다. 파리 20구가 한눈에 내려다보이는 이곳은 삼삼오오
피크닉을 즐기는 가족들, 책 읽는 사람들, 닭과 병아리를 구경하는 아이들로
북적거린다. 같은 길에 위치한 '루이즈 미셸 Louise Michel 시립 도서관'은
아이들 눈높이에 맞춘 낮은 책장과 편안한 소파를 비치한 열람실을 갖추고,
뒤뜰에 테라스를 마련해 휴식처이자 놀이터 역할을 톡톡히 해낸다. 사회주의
혁명가이자 여성 인권 운동가의 이름을 딴 공간답게, 스트리트 아티스트
카신크 Kashink의 페미니즘 메시지를 담은 벽화가 도서관 전면을 장식하고
있는 점도 또 다른 매력이다. 발길을 옮겨 지역 대표 문화 공간 플레슈 도르에서
몇 발짝 걸으면 무료로 자전거를 수리할 수 있는 아틀리에 '시클로피신
Cyclofficine'이 있다. 자전거를 이용하는 인구가 많은 이 동네의 연대 의식을
강화하는 감초 같은 존재다. 샤론의 경계를 이루는 다보 Davout 대로에 위치한
시립 수영장 '이본 고다르 Yvonne Godard'는 통창으로 자연광이 쏟아지는
근사한 공공 체육 시설이다. 해가 긴 여름 저녁, 수영장 앞 공터에는 운동을
마치고 나와 선선한 바람에 땀을 식히는 사람들과 수다를 떠는 노인들이 모여
있어 화기애애한 동네 분위기를 만끽할 수 있다.

CHARONNE

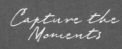

AUDE BARDAINE & ROMAIN GROSPIRON

"르 생캉트시스는 과거 통행로로 사용하던 길을 정원으로 개조한 공공 정원이에요. 태양광 에너지 사용, 건식 화장실, 유기물 퇴비, 빗물 회수 등 친환경적 농법을 따르는 이곳은 주민들의 자주적 참여만으로 운영되어요. 피크닉과 공연도 열려서 화기애애한 분위기를 내는 숨은 보석과 같은 스폿입니다."

GREGORY BACK

"프랑스식 돌길 위에 카페와 레스토랑, 각종 상점이 자리한 생블레즈가는 옛 파리의 정취를 그대로 간직한 장소입니다. 끝자락에 다다르면 보이는 중세 시대 양식의 교회는 마치 시골에 온 듯한 느낌을 자아냅니다."

LUCIE NINEY & THIBAULT MARCA

"오래 전에 운영을 중단한 내부 순환 철도 프티트 셍튀르 Petite Ceinture는 훌륭한 산책로이자 공원입니다. 날씨가 포근해지면 바비큐 파티를 벌이는 가족부터 그라피티를 그리는 청년들까지, 각자의 방식으로 이 공간을 방문하는 주민으로 항상 가득한 곳이죠."

GRÉGOIRE DYER

"가장 좋아하는 풍경은 최근 같은 단지로 이사 온 지인의 집에서
보이는 메르퀴리알 Les Mercuriales 타워예요. 붉게 노을 진 하늘과
태양 빛을 반사하는 황금색 메르퀴리알 타워, 서로 다른 크기와
형태의 건물들이 중첩된 풍경이 마치 샤론 지역의 복합적이고 다층적
면모를 함축적으로 보여주는 듯해요."

ARIANE GAUMONT

"아침 햇살이 뻬이장 위흐방 농장의 꽃밭 위로 드리우는 아침 풍경을
유독 좋아합니다. 특히 봄과 여름 철, 푸른 하늘과 어우러진 고요하고
잔잔한 아침 공기는 하루를 산뜻하게 시작하게 하는 동력이죠."

PAULINE GAMBI

"대부분의 시간을 일하면서 보내기 때문에 점심 서비스를 마친 후
커피 한 잔을 손에 들고 밖으로 나와 레귀니옹 광장을 바라보는
잠깐이 유일한 휴식 시간인 셈이에요. 인파로 북적이는 활기찬 광장
모습과 중앙에 위치한 노란색 분수는 바라보기만 해도
기분까지 밝아져요."

SEOCHON,

SEOUL

서촌은 조선 시대 정궁인 경복궁의 서쪽에 위치한 마을을 가리키는 별칭이다.
효자동, 사직동, 통의동, 통인동, 청운동, 체부동, 필운동, 누상동, 누하동,
옥인동, 신교동, 창성동, 궁정동 등 13개 동을 포함한다. 꽤 넓은 범위로
읽히지만 각 동의 규모가 작아서 모든 동네를 걸어서 오갈 수 있다. 동쪽엔
경복궁, 서쪽엔 겸재 정선의 그림에 나오는 수성계곡을 품은 인왕산, 북쪽엔
대통령 관저인 청와대가 있는 지리적 특성 탓에 고도와 개발 제한이 다른
지역보다 엄격한데, 덕분에 서울의 전형적 주거 형태인 고층 아파트를 보기가
힘들다. 여전히 기와를 얹은 오래된 한옥이 일반 가옥과 다세대주택 사이에
섞여 아담하게 들어앉아 있다. 좁은 골목길이 가지처럼 뻗은 마을이지만,
동시에 큼지막한 대로를 중심으로 번화한 동네여서 건물과 건물이
적당한 거리감을 유지하는 것도 서촌만의 특징이다. 큰 대로 덕분에 대형
프랜차이즈가 진입해도 골목 안에 위치한 집과 작은 상점, 개인 작업실 등이
함몰되지 않는다. 서촌은 2000년 초반부터 지금까지 예술가와 젊은 세대가
머물고 싶은 동네로 자리매김해왔다. 이는 주거를 중심으로 형성된 오래된
동네만이 지닐 수 있는 힘이다. 새롭게 생긴 숍들이 자신의 색을 내기보다
동네 주민들의 진짜 밥집과 수선집, 철물점 등과 자연스러운 융화를 택한 것도
그 동네 주민들의 굳건한 삶의 태도를 뚫지 못하기 때문이다. 서촌은 시류와
상관없이 세월을 통해 정직하게 쌓아 올린 때 묻은 아름다움을 발산한다.
역사와 문화·자연을 좋아하고, 부동산 가격이 아닌 동네 분위기를 중시하는
주민이 모여 지금의 서촌 지형도를 만든 셈이다.

"서촌은 서울에서 가장 유명한 고궁인 경복궁 서쪽 지역을 가리키는 '서쪽 마을'을
의미하는 광범위한 용어다. 이곳은 한때 양반들의 고향이었고 수년 동안 관광객을
불러들인 궁전 북쪽의 부유하고 역사적인 마을인 이웃 북촌과 종종 비교된다."

CNN

"택시 기사가 서울 시내에 대해 얼마나 잘 알고 있는지 시험해보고 싶다면 내자동으로
안내해줄 것을 요청해보자. 한국의 외교부 청사에서 불과 몇 분 거리에 위치한 이 친근한
한옥 동네는 서울 최고의 음식과 칵테일로 외빈을 대접하려는 정부 직원으로 가득 차
있다. 내자동은 큰 대로인 사직로를 중심으로 나뉘는데, 북쪽 경계엔 큰 식당들이 밀집한
'세종마을음식문화거리'가 있어 당신의 바지가 찢어질 때까지 음식을 먹을 수 있다. 나머지
남쪽 경계는 내자동에서 가장 변모해가는 동네로 커피 마니아, 위스키 감정가,
홍어 애호가들이 자신만 아는 곳으로 남겨두고 싶은 곳이다."

타임아웃 Time Out

"서울에서 시간이 가장 느리게 흐르는 곳."

책 <낭만서촌> 중

"조선 시대 문필에 정통한 양반부터 평민 시인, 김정희 같은 현대 서예가, 정선 같은
위대한 화가까지 모두 이곳에 살았다. 서촌이 사람들을 그렇게 만든 것인지, 그런 사람들이
서촌에서 자신을 부르는 소리를 들은 것인지 알 수 없다."

책 <오래된 서울> 중

"과거와 현재가 만나는 곳."

트레이지 Trazy

에디터 서재우, 최선우 | 포토그래퍼 박성훈, 윤미연

TALK

HYUNSEOK KIM
김현석

전시 제작자

BORA HONG
홍보라

예술 기획자

SEUNGMO SEO
서승모

건축가

(왼쪽부터) 김현석, 홍보라, 서승모

전시 제작자 김현석, 예술 기획자 홍보라, 건축가 서승모는 각자의 목적을 갖고 서촌에 정착했지만, 서촌이라는 동네에서 시류에 편승하지 않고 자신만의 방식으로 창의적 결과물을 생산한다는 점에선 일맥상통한다. 오랜 역사를 품은 서촌이 고유한 정서를 유지하며 다양성을 간직할 수 있는 건 바로 이곳에 정착한 이들의 공통된 삶의 자세 덕분이다.

안녕하세요. 오늘은 여러분이 삶의 터전을 일구는 서촌에 관한 얘기를 하려고 합니다. 이야기를 나누기 전에 각자 자기소개 부탁드립니다.

김현석: 전시를 제작 또는 투자하는 일을 하고 있습니다. 2013년부터 <라이프 사진전>을 줄곧 제작해왔고, 근래에는 <내셔널지오그래픽 사진전>과 <토일렛페이퍼: 더 스튜디오> 전시를 제작했어요. 서촌에 사무 공간을 마련한 건 2013년으로, 줄곧 전시 제작사 유니크피스를 운영하다가 런던 기반의 크리에이티브 컨설팅 회사 MMBP와 합병해 현재는 MMBP의 일원입니다.

서승모: 2004년부터 서촌 지역에 거주하며 건축가로 활동하고 있습니다. 이탈리아 가정식 식당 두오모가 위치한 건물 2층의 작은 공간에서 건축 일을 시작해 2010년 청운동에 '사무소 효자동'을 운영하기 전까지 서촌 지역의 여러 동네를 옮겨 다니며 프리랜서 건축가로 활동했어요. 오늘 함께한 홍보라 기획자와는 2009년 중고 책방인 '가가린'을 공동으로 운영했고, 미술과 관련한 작업을 함께 하기도 했습니다.

홍보라: 2002년 삼청동에서 갤러리팩토리를 시작했어요. 하지만 2005년 젠트리피케이션 때문에 삼청동이 아닌 새로운 공간이 필요했고, 당시 운 좋게 발견한 공간이 지금 팩토리2가 입점한 곳이에요. 미술과 디자인에 관심과 애정이 많은 건물주 덕분에 2005년부터 지금까지 잘 버텨오고 있죠. 팩토리2는 2018년 갤러리팩토리의 두 번째 시즌이란 의미로 붙인 이름이에요. 갤러리팩토리에서는 저 혼자 운영하며 전시 기획과 출판물·상품 등을 만들었다면, 팩토리2는 공동 운영 체제를 도입해 좀 더 다양한 관점의 전시와 아트 컨설팅을 할 수 있는 플랫폼을 만들죠. 지금도 그 선택이 옳았다고 믿어요. 저는 이제 혼자서 하는 일이 재미가 없더라고요.(웃음)

서승모 소장님은 서촌 지역의 특정 동네명을 건축 사무소 이름으로 내걸었습니다.

서승모: 프리랜서 활동을 마무리하고 개인 사무소의 이름을 고민할 때만 해도 건축 사무소 대부분이 건축에 초점을 맞춰 일을 진행했어요. 앞에서도 언급했지만 저는 미술업계와 다양한 협업을 해오던 터라 건축이란 범주에 자신을 가두고 싶지 않았어요. 상호가 효자동이면 동네를 환기시키는 어떤 범주의 일이든 할 수 있다는 부드러운 인상을 주지 않을까?

그런 생각을 한 것 같아요.

다들 꽤 오랜 시간 서촌에 터전을 잡고 있는데 이곳을 떠나지 않는 특별한 이유가 있을까요?

서승모: 도쿄와 비교해 설명할 수 있을 것 같아요. 도쿄는 큰 대로변 뒤에 골목이 그물망처럼 연결돼 있거든요. 덕분에 아오야마에서 시부야까지 골목을 산책하듯 걸을 수 있어요. 오밀 조밀한 골목길 사이사이 새로운 공간이 나오기도 하고, 걷는 재미와 도심의 피로에서 잠시 벗어날 수 있는 여유가 생기죠. 서촌도 도쿄처럼 큰 대로변과 대로변 사이사이에 좁은 골목 으로 구성된 지역이죠. 그 점이 저는 지금도 좋아요.

김현석: 저는 2000년 초부터 광화문, 북촌 인근에서 사회생활과 주거를 시작해 계속 이 근방 에 있었기 때문에 다른 동네로 가야 한다는 생각은 별로 안 해요. 굳이 이유를 찾자면 어린 시절 정읍 산골에 살았던 기억 때문일 수도 있을 것 같아요. 서촌 골목의 기와집들이 어릴 때 보던 집성촌의 집처럼 느껴져서 여전히 벗어나지 못하나 봐요. 사실 저는 그래서 요즘도 이 곳이 편해요. 현대식 고층 빌딩은 먼발치에 떨어져 있고, 대형 광고판도 거의 없죠. 인왕산을 통해 사계절을 가장 먼저 느끼기도 하고요

홍보라: 저도 같은 마음이에요. 서촌이 살기에 완벽한 동네라기보다는 눈에 거슬리는 게 없 는 동네라서 좋은 거 같아요. 삼청동에 있던 시절 역시 분명 좋았지만 다시 돌아가고 싶지 않 은 이유도 거슬리는 게 많아졌기 때문이거든요. 삼청동은 생활의 흔적이 잘 느껴지지 않아 요. 길을 걸을 때마다 새로운 간판을 마주해야 하고, 비좁은 거리를 붐비는 사람들을 피해가 며 걸어야 하죠. 한데 서촌은 좀 달라요. 큰 대로변만 피하면 언제든 동네 어른과 마주하고, 길고양이와 눈인사를 할 뿐 아니라 아무도 없는 텅 빈 길을 걷기도 하죠. 생활의 흔적이 만들 어내는 다채로움은 눈을 덜 피로하게 해줘요.

결국 서촌의 강점은 '삶의 기반'에 있겠네요.

서승모: 사람이 살기 때문에 시장과 슈퍼가 있고, 이는 동네를 이루는 데 중요한 영향을 미칩 니다. 한국에는 '무슨 무슨 길' 열풍이 일잖아요. 가로수길, 경리단길, 삼청동길 같은. 열풍을 맞은 길의 공통점은 그 길이 지니는 운치 속에 상업 공간이 적재적소에 자리했다는 점인데, 그런 길에 사람과 자본이 몰리면서 운치가 점점 사라지는 거죠. 결국 길 중심으로 발달한 곳 은 한번 망가지면 살아날 방도가 잘 안 보여요. 한데 서촌의 경우는 그 공식이 성립하지 않아 요. 대로변은 너무 넓고, 거대한 산과 문화재가 있어 스타벅스가 하나 생겨도 큰 타격을 입지 않죠. 창성동, 통의동, 효자동, 청운동 등 여러 동네를 묶어 서촌이라고 부르는 이유도 생활 을 중심으로 확장하기 때문이에요.

김현석: 저는 북촌에 오래 살았어요. 북촌도 충분히 재미있고 좋은 동네인데, 지대가 높기도 하지만 큰 대로변이 부족하다 보니 거주하는 사람들이 가게에 밀려 점점 숨게 돼요. 걸을 때도 일부러 불편을 감수하며 사람 적은 곳으로 가곤 하죠. 한데 여긴 제 사무실 바로 옆에 개인 집이 있거든요. 주거와 상업 공간, 오피스가 모두 연결되어 있는 곳이죠. 이런 모습이 여기에 거주하는 주민이나 저처럼 일하는 사람 혹은 관광 오는 사람에게 모두 좋은 환경을 제공하는 것 같아요.

서승모: 인왕산과 경복궁처럼 변하지 않는 원(原) 풍경을 갖고 있는 것도 서촌의 강점 같아요. 저는 주민이라면 누구나 자신만의 원 풍경을 갖고 있다고 생각하거든요. 서촌 주민은 인왕산이나 경복궁 돌담을 원 풍경으로 인지할 거예요. 그게 삶을 좀 더 살갑게 만들죠. 건축가로 자리 잡지 못한 시절에는 늘 큰 가방에 서류를 잔뜩 넣고 강남으로 향했어요. 당시엔 일도 잘 안 됐고, 계약했던 일이 무산되기도 했죠. 그럴 때마다 술을 왕창 마시고 축 처져서 택시 타고 집으로 오거든요. 한데 광화문을 지나면서 우뚝 선 이순신 장군 동상을 보면 마음이 좀 수그러들고, 경복궁 사거리로 진입해 인왕산이 보이면 이상하게 모든 게 괜찮아지는 거예요. 그러면 또 사거리에서 내려 술 한잔 더 하고 집으로 들어가는 거죠.(웃음)

이번엔 서촌에 있는 건물의 특징에 대해 얘기를 나누어볼게요. 아무래도 서승모 건축가님이 답을 해줄 수 있겠죠?

서승모: 조선 시대 후기와 근대 초, 한옥과 다세대 연립, 벽돌 건물과 타일로 된 건물 등 시대상에 따라 다양한 건축물이 겹겹이 쌓여 변주를 이루고 있어요. 쉽게 말해 1970년대부터 2000년대까지 모든 건축양식이 한 동네에 집결한 것이죠. 그래서 연결성이 굉장히 중요한 동네가 서촌이기도 해요. 건물을 짓거나 리모델링할 때도 특정 양식만 고집하기보다 외벽을 그대로 살리는 작업에 더 힘을 쏟는다거나, 주변 건물과의 연결성에 집중하죠. 가령 네모난 타일로 된 건물에 동그라미 타일이 하나 있으면 단박에 시선을 끌 수는 있지만, 자주 보다 보면 그게 오히려 눈을 불편하게 만들잖아요. 서촌의 건물들은 네모난 타일이 계속 나열되어 있는데, 자세히 보면 그 네모난 타일의 간격이 미세하게 다른 것 같아요. 그걸 쉽게 알아차리는 사람은 거의 없죠. 그러니 눈이 편안할 수밖에 없고요.

그렇다면 삶의 터전이라는 측면을 배제하고, 전시를 기획하거나 제작하는 사람 입장에서 보면 서촌은 '좋은 동네'일까요?

홍보라: 갤러리를 운영하는 입장에서 서촌은 꽤 좋은 환경입니다. 실제로 동네에 젊고 진취적 사고를 지닌 작가가 많이 머물기도 하고요. 무엇보다 갤러리를 입점시키는 건물주 대다수가 미술에 애정을 갖고 있는 분이죠. 그건 갤러리를 운영하는 입장에서 굉장히 중요한 일

이에요. 특히 이곳에 터를 잡은 작가들이 오랜 시간 거주하고 있거든요. 이들이 쉽게 떠나지 않는다는 건 곧 새롭게 들어오는 작가들을 지탱하는 희망이기도 합니다. 솔직히 말하면 작가는 대부분 사회적 약자에 가깝거든요. 그런 사람들이 산업화에 떠밀려 쫓겨나지 않는 건 그만큼 이 동네가 거주하기에도, 상업 공간을 운영하기에도 좋다는 얘기죠.

김현석: 말씀처럼 상업 공간이 잘되어 있기 때문에 전시의 핵심 타깃층이 서촌에 놀러 오고 있어요. 전시를 제작하고 투자하는 입장에서, 그들이 어떤 걸 좋아하고 즐기는지 가까이에서 볼 수 있다는 것만으로도 큰 도움이 된다고 생각해요.

서촌은 많은 영화인과 미술인, 기획자와 건축가가 거주하는 동네이기도 합니다.
크리에이티브 신이 이곳에 형성된 이유는 무엇일까요?

홍보라: 갤러리를 운영하기 좋은 이유와도 같아요. 저도 그렇지만 서촌에 들어와 작업하는 분들 대부분은 이 동네를 웬만하면 떠나지 않거든요. 한 동네에서 오랜 시간 머물 수 있는 환경은 분명 서촌의 힘이라고 생각해요. 이건 특정 인물의 노력이라기보다는 동네에 거주하는 사람들의 삶의 태도에서 비롯하는 거라고 봐요. 이 동네에서 문화적 소양이 높은 분은 대개 소비에 연연하지 않고, 새로운 걸 생산하는 데 힘쓰거든요. 그런 바이브가 이 동네에 있는 거 같아요. 동네 사람들의 걸음걸이만 봐도 그런 게 느껴지죠.

서승모: 건축가들이 어느 순간부터 서촌에 사무소를 내기 시작했는데요, 아마 여전히 작은 공간이 많아서 할 수 있는 일 또한 많다고 느끼는 것 같아요. 교통도 편리한 편이고, 문화 시설도 근처에 많고요. 시각적으로 강한 이미지가 없는 것도 분명 건축가에게 고민거리를 더 안겨주는 것 같아요.

홍보라: 동네에 '뾰족한' 게 별로 없다는 것은 정말 중요해요. 예술가는 좀 심심한 풍경에서 더 큰 영감을 받거든요. 오히려 그런 공간을 새로운 형태로 메우고 싶은 열망이 창의성을 가져다주는 것이죠.

김현석: 동네의 상업 공간이나 갤러리만 봐도 알 수 있죠. 10년 넘게 자리한 공간은 전부 오너의 취향과 태도로 채워져 있어요. 간판 하나를 걸어도 어떤 고민을 하는가에 따라 동네 풍경이 달라진다고 생각해요. 서촌은 간판 하나를 걸더라도 주변 건물과 사람들의 취향을 생각하는 곳이죠. 그러니 문화인이 자연스레 모일 수밖에 없는 것 같아요.

동네에 사는 사람들의 태도가 결국 지금의 서촌 정서를 만든 셈이군요.

홍보라: 서촌의 지킴이 역할을 하는 황두진 건축가와 제인 제이콥스 Jane Jacobs가 쓴 <미국 대도시의 죽음과 삶>이라는 책을 읽고 토론할 기회가 있었어요. 개발론자인 로버트 모세 Robert Mose와 생태학자이자 책의 저자인 제이콥스의 대립된 주장에 대한 토론이었는데,

모세의 경우는 일단 개발한 다음에 공원을 만들자고 주장했고, 제이콥스는 목적 없는 공원은 오히려 공터가 될 뿐이라고 주장했죠. 그는 오히려 1층 정도 낮은 눈높이의 다양한 목적으로 활용할 수 있는 건물을 통해 사람들이 단단한 커뮤니티를 구축한다고 믿었어요. 그게 동네 주민에게 공원보다 더 나은 안정감을 준다는 거죠. 저는 서촌이 제이콥스가 주장한 방식으로 성장한 동네라고 생각해요. 이 동네에 오래 살다 보면 사람들이 보이거든요. 매일같이 층고 낮은 건물들을 오가니까 왠지 친하지 않아도 누군가에게 제집 열쇠를 맡겨도 되겠다는 심리적 안정감이 생기는 거예요. 물론 저는 절대 남에게 열쇠를 맡기지 않겠지만, 주민에 대한 신뢰가 곧 서촌의 정서를 만든다고 생각해요.

서승모: 차근히 눈에 밟히지 않고 계속 이어져 있어서 심리적으로 안정감을 주는 거죠. 이태원처럼 확 변해버리면 원래 있던 사람은 불편해요. 세련된 사람들도 동네가 촌스럽게 변했다고 여기죠. 이곳은 그렇지 않아요. 시간이 켜켜이 쌓인, 조금은 덜 세련된 유럽의 도시 느낌이랄까요?

서촌은 변하지 않는 동네에 가깝지만, 변화의 필요성을 느낄 것도 같습니다. 이 동네에서 변했으면 하는 지점이 있을까요?

김현석: 당장 무얼 생각하기가 어렵네요. 저는 뭐든 자연스럽게 변한다고 보거든요.

홍보라: 저도 같은 생각이에요. 오히려 저 자신이 동네를 통해 변화하는 것 같아요. 가령 며칠 전에 길가에서 서울맹학교 부모들이 앉아서 아이들한테 안마술 교육만 해주지 말고 다른 교육도 해달라고 목소리를 내는 걸 봤거든요. 길에서 이런 풍경을 보는 것이 불편하지만, 그래도 저는 이런 환경에 노출되어 있기 때문에 맹학교에서 아이들한테 안마술 교육만 시킨다는 걸 알게 되었죠. 저는 그게 이 동네의 특수성이라고 믿어요. 청와대가 근처에 있어 시위가 많잖아요. 크고 작은 이슈를 가까이에서 접하다 보니 자연스레 다양한 환경에 대한 고민이 깊어진다고 할까요?

서승모: 동네는 계속 변한다고 생각해요. 변하지 않는 건 오히려 박제되기 때문에 에너지가 없어요. 서촌도 노인 인구 비율이 높은 지역이었는데, 젊은 세대가 들어오면서 약간의 진동이 생겼거든요. 뜬금없이 어떤 외압으로 변하는 게 아닌, 자연스레 변하는 건 결국 동네가 살아 있다는 얘기니까요. 그런 의미에서 젊은 세대가 더 몰릴 수 있도록 주차장이 필요한 것 같아요. 이 주차장 얘기를 강조해서 적어주세요. (웃음)

홍보라: 삼청동이 국립현대미술관(MMCA)을 통해 주차 문제를 해결하듯이 서촌도 주차 문제를 해결할 주차장이 필요합니다! (웃음)

김현석: 한 가지만 더 얘기하면, 10년 후에도 서촌은 여전히 살기 좋은 동네일 거라는 믿음이 있어요. 저는 동네도 중요하지만 그 동네를 점유하는 사람들이 누구인지도 정말 중요하다고 생각해요. 그들의 방식이 곧 좋은 동네를 만드는 것일 테니까요.

Jungmin Son

손정민

동네와 나를 온전히 품은 집

LOCATION 청운동
TYPE 다세대주택
SIZE 약 59m²
FLOOR PLAN 방 2개, 화장실 2개, 작업실 겸 주방, 발코니

일러스트레이터이자 페인터인 손정민 작가는 자신의 시선을 끄는 인물의
얼굴과 자연의 아름다운 산물을 따뜻한 색으로 그린다. 그가 집에서 가장
좋아하는 장소가 내부와 외부를 관통하는 '발코니'인 이유이기도 하다. "발코니
문을 열고 가만히 의자에 앉아 바깥 풍경을 바라보는 걸 좋아해요." 그가 청운동
다세대주택을 택한 이유는 서울 안에서 흔치 않게 자연과 가까이 접할 수
있는 지리적 요소가 주요했다. 서쪽에는 인왕산, 북쪽에는 북악산이 둘러싸고
있어 마음만 먹으면 도심 생활에서 완벽한 분리되기 때문이다. 그는 뉴욕에서
액세서리 디자이너로 활동한 이력이 있는데, 당시 힘들 때 위로받은 건 동네에
있는 작은 공원과 그 공원을 즐길 줄 아는 사람들의 마음가짐이었다. 그의 그림
속 모델에 인물과 식물이 많은 이유도 당시의 행복한 기억이 자연스레 발현된
것이다. 결국, 그에게 집은 자신을 위로해줄 동네와 한층 더 가까이 다가가기
위한 수단이다. "새벽녘 발코니에 서면 오늘 날씨가 어떤지 바로 알 수 있어요.
날이 좋으면 어김없이 인왕산 숲길로 향하죠."

"오래된 다세대주택 꼭대기 층이에요. 경복궁이나
한옥, 청와대처럼 중요한 문화유산이 곳곳에 있는
까닭에 건물의 층고 제한이 엄격해 집 발코니나
창을 통해서 동네를 한눈에 담을 수 있죠. 덕분에
이 동네에 살고 있음을 실감합니다."

"특정한 시대나 디자이너의 물건에 집착하기보다
자연스러운 것들로 집을 채운 것 같아요. 작업실
책장의 경우는 뉴욕 앤티크 가게에서 구매한 진짜
오래된 물건이고, 다이닝 테이블에 놓인 식기는
제가 직접 만들었죠. 저는 깔끔하게 정리하는 편은
아니에요. 물건을 잘 버리지 못하거든요. 제 그림이
제가 본 행복한 순간의 기억이라면, 집에 놓인
물건은 곧 제 삶이죠. 신기하게도 다들 제 작품을
보거나, 집을 방문하면 저와 똑 닮았다고 말해요.
그건 아마도 제가 쌓은 시간이 작품과 공간에 깃들어
있기 때문이겠죠."

"집보다 동네가 중요해요. 늘 동네 풍경에서 마주하는 얼굴이 작품이 되거든요. 청운동 주민은 겸손하고 정이 넘쳐요. 제가 시골 출신이거든요. 어릴 때부터 스스럼없이 동네 분들과 마주하면 눈인사를 하거나 말을 붙였어요. 한데 서울에선 그게 쉽지않아요. 먼저 말을 걸면 좀 이상한 사람으로 취급하기도 하고요. 제 개인적 경험일 수도 있지만, 이곳 주민들은 주변 환경을 누릴 줄 알고, 늘 밝은 마음으로 이방인을 환대해요. 하루는 골목에서 호랑나비를 봤는데, 동네 할머니가 제게 호랑나비를 봤으니 운이 좋은 날이라고 먼저 말을 건네시더라고요."

"복층 구조예요. 현관문을 열고 들어가면 좁은 복도를 끼고 방 2개와 화장실이 있죠. 나무 계단을 밟고 올라가면 발코니로 나갈 수 있는, 싱크대가 설치된 스튜디오형 공간이 나오는데 저는 이 공간 한쪽을 작업실, 다른 한쪽을 다이닝 룸으로 사용하고 있어요. 사실 복층 구조를 싫어하는데, 천장이 뚫린 발코니를 보고 덜컥 계약해버렸어요. 어닝이 있지만 비나 눈이 내려도 펼치지 않아요. 그냥 의자에 앉아서 바깥 풍경을 바라봐요. 집에 있지만, 바깥에 있는 기분이 들거든요."

"조금만 걸으면 인왕산이 나오고, 호젓하게 산책을 즐길 수 있는 아름다운 골목길이 정말 많아요. 요즘 제 휴대폰에 저장된 사진 대부분이 동네에서 본 꽃과 식물, 인왕산이 보이는 골목 풍경이거든요. 늘 자연을 곁에 두니까 아카시아꽃이 핀 걸 보면 '이제 5월이구나' 생각하는 거죠. 저는 동네에서 이런 감정을 느끼며 사는 게 정말 중요한 사람이에요."

취향을 관통하는 사람들의 아지트 역할을 하는 카페

ADDRESS 서울시 종로구 자하문로10길 17
INSTAGRAM @cafemk2
FOUNDED 2008년
PRODUCTS 커피, 디저트

SHOP

mk2

엠케이투

창성동 대로변에 위치한 카페 mk2를 14년째 운영 중인 이종명 대표는 동네가
품은 영속성에 매료됐다. "10여 년의 독일 생활을 마치고 서울로 돌아와
원서동과 삼청동을 거쳐 지금의 동네에 터를 잡았는데요, 생각해보면 늘
창의적인 움직임이 싹틀 때 동네의 문을 두드렸고, 창의성이 걷잡을 수 없이
폭발할 때 동네를 떠난 것 같아요." 경복궁을 기준으로 동쪽인 원서동과
삼청동, 서쪽인 창성동의 차이는 길목에 삶의 터전이 얼마나 더 단단하게
형성되었는가에 있다. "원서동과 삼청동은 골목이 잘게 쪼개져 있어요. 상점이
들어설 공간이 그만큼 많다는 얘기겠죠. 저는 동네에서 공간을 운영하는 동시에
거주하는 사람이니까 상점의 운치보다는 생활의 운치가 더 중요하거든요.
상점이 하나둘 늘어날 때마다 동네가 불편해지는 거예요. 한데 서촌은 좀
달라요. 일단 중심이 되는 큰 대로가 있고, 대로 안쪽의 좁은 골목길에는
오랫동안 거주한 이들의 집이 뿌리내리고 있지요. 큰 대로에 새로운 상점이
생겨도 좁은 골목길로 들어가는 순간 숨통이 트이더라고요." 이종명 대표는
급변하는 서울에서 느림의 미학을 갖춘 서촌의 힘은 문화재인 경복궁과 동네를
감싼 인왕산의 존재뿐 아니라 굳건한 삶에서 온다고 믿는다. "좋은 동네가 눈에
들어오니 공간이 필요했고, 자연스레 지금 건물에 mk2를 열게 된 겁니다."

이종명 대표는 1990년대 초 독일 뒤셀도르프 Düsseldorf 유학 시절 대학에서
사진을 공부했다. 당시 그에게 아름다움의 표식은 시간에 의해 축적된 동네의
'레이어'였다. 이는 비단 풍경에 국한한 얘기가 아니다. 그는 동네 카페에 놓인
빈티지 의자에 앉는 순간에도 축적된 것만이 만들어내는 특별한 울림을 받았다.
"아침마다 파자마를 입고 카페 의자에 앉아 빵과 커피를 즐겼어요. 저는 지금도
종종 뒤셀도르프에 가서 당시처럼 빵과 커피를 즐기며 카페에서 시간을 보내곤
합니다." 이종명 대표가 카페를 연 것도 자신이 뒤셀도르프에서 의자에 매료된
것처럼 아름다운 형태의 빈티지 의자를 사람들이 직접 앉아보며 경험하길
바랐기 때문이다. '다음 세대 제품'을 뜻하는 상호명에서 유추할 수 있듯 이종명
대표는 mk2가 커피에만 몰두하는 공간으로 자리하길 원하지 않았다.
"처음 이 건물을 봤을 땐 옆에 위치한 갤러리 '팩토리2'처럼 전면이 유리였어요.
저는 오히려 밖과 안을 분리하고 싶었습니다. 모두에게 열린 공간이기보다 제
생각을 이해하는 이들이 이 안에서만큼은 편안하게 의자를 경험하고,

어떤 연대감을 갖길 원한 거죠. 그래서 전면 유리를 포기하고 하단 부분에 시멘트 턱을 만들었어요." 이종명 대표의 말대로 mk2는 2008년 오픈한 이래 디자인과 예술을 좋아하는 사람들이 모이는 아지트 공간으로 기능하며, 동네의 상징적 장소가 됐다. "입구에서 정면으로 보이는 벽면은 파사드 작업을 선보이는 작가의 작품이라 늘 그대로지만, 전시 포스터 액자로 채워진 벽면은 액자의 변화를 통해 늘 새로운 환기를 주려고 노력합니다. 그런 관점에서 테이블과 의자 등도 주기적으로 교체하고 있지요." 이러한 변주는 한자리에서 14년이 됐음에도 여전히 새로운 세대가 mk2로 향하는 이유이기도 하다. 하지만 절대 변하지 않는 mk2만의 풍경이 있다. 고객 모두가 빈티지 의자에 앉아 창밖 너머 한옥의 처마를 바라보는 모습이다. 서촌의 가장 모던한 공간에서 서울의 세월이 담긴 건물을 감상하는 것은 경험 없이는 알 수 없는 아름다운 행위다.

"서촌에 터를 잡은 분들은 대부분 자부심이 강합니다. 그런 분들이 자신의 취향을 응집해 상점을 꾸몄으니 동네의 모습을 해치지 않는 거예요. 이건 건물주도 마찬가지고요. 투자 개념으로 건물을 생각하는 사람과는 시작하는 목적부터 다르죠. 그런 힘들이 차곡차곡 쌓여 레이어를 이룬 지역이 바로 서촌입니다."

누구든 편히 들를 수 있는 정겹고 따뜻한 식당

ADDRESS 서울시 종로구 자하문로16길 5 1층
INSTAGRAM @hyojadongduomo
FOUNDED 2008년
PRODUCTS 이탤리언 가정식

SHOP

Books & Cooks Duomo

북스앤쿡스 두오모

"두오모는 푸근하고 편한 쉼을 제공하고 싶다는 낭만 하나로 시작한 공간이에요. '작은 성당'을 뜻하는 이탈리아어에서 이름을 따왔죠. 집이라는 의미의 라틴어 도무스 domus가 그 어원인데, 집밥처럼 소박하지만 정성스러운 음식을 만들어요. 우연히 골목을 지나가다 불이 켜져 있으면 반갑게 들를 수 있는 작은 동네 식당이지요." 두오모의 셰프이자 오너인 허인은 북악산과 인왕산으로 둘러싸인 안정감과 경복궁을 곁에 두고 마음껏 궁궐터를 걸을 수 있다는 서촌의 매력에 이끌려 2008년 조용한 골목길에 작은 이탈리언 레스토랑을 열었다. 평소 책을 좋아하는 허인 셰프의 취향을 알 수 있는 빽빽한 서가는 따뜻한 색감의 원목 테이블과 잘 어울린다. 그 옆의 칠판에는 계절마다 제철 재료로 선보이는 스페셜 메뉴와 이달의 와인 리스트를 정겨운 손 글씨로 써놓았다. 골목길이 보이는 창가로 따스한 햇살이 들어오는 점심시간이 되면 손님들의 발걸음이 끊이질 않아 쉴 틈 없이 분주하지만, 그는 활력 있는 그 시간을 좋아한다. 정갈한 이탈리언 가정식을 선보여온 덕에 평일 낮에도 빈 테이블을 찾기란 쉽지 않다. 파르미자노, 루콜라 파스타, 도미봉지구이 등 메뉴는 단골손님의 꾸준한 사랑을 받으며 10년 넘도록 크게 바뀌지 않았다. "좋은 재료로 정성을 담는다는 식당의 기본을 충실하게 지켜왔을 뿐"이라는 허인의 말에서 14년이라는 세월을 지나온 단단함이 느껴진다.

두오모만의 속도를 고민하고 지켜왔기에 그는 작은 식당이 한결같은 모습으로 골목을 지킬 수 있었다고 말한다. 빠르게 변하는 서울의 속도감과 달리, 멈춘 듯 느리게 흐르는 동네의 시간 덕분에 가능한 일이기도 했다. "멋 부리려고 하지 않는 건 두오모만이 할 수 있는 요리를 꾸준히 이어가고 싶어서예요. 변화가 더디고 옛것의 정취를 간직해오는 서촌의 정서와도 닮아 있죠. 여기서는 자신이 좋아하는 것을 보여주겠다는 강인한 뚝심과 묵묵히 버티는 근기가 있어야 오래갈 수 있다고 믿어요. 실제로 비슷한 성향의 사람들이 곳곳에 등대처럼 자리해요. 서로 내는 빛을 바라보고 또 비춰주기도 하며 잘 견뎌왔어요. 하는 일과 살아온 배경이 달라도 동네를 좋아한다는 이유 하나만으로 친구가 될 수 있다는 사실에 힘을 많이 얻습니다. '우리 동네'라는 말을 자주 쓰게 되고, 동네 일에 늘 관심을 가지고 서로를 말없이 지켜보는 느슨하지만 단단한 연대 의식이 생겼죠." 자연스레 주민들은 두오모의 단골이 되어 그들의 지인이 모이고, 식당의 모든 면면을 좋아하는 사람들이 하나둘 늘어나며 '서촌 사랑방'으로 자리매김한 지 오래다. 10년 넘게 자신의 자리를 지키는 사람들이 맺은 관계는 다정하지만 요란스럽지 않다. "두오모의 분위기는 혼자서 만들 수 있는 게 아니에요. 손님과 함께 만들어가는 거죠. 서촌의 많은 식당 중 이곳을 떠올려주는 것도 고마운데, 긴말은 아니지만 진심을 전해주는 이들에게서 힘을 얻어요." 그가 말하는 힘은 최근 2년간 팬데믹이라는 어려운 상황에서도 식당 문을 닫지 않을 수 있었던 가장 큰 이유다. 주민들은 두오모가 영영 문을 닫을까 노심초사하며 전보다 일부러 더 자주 식당을 찾았다. "하루에도 몇 번 그만둬야 하나 고민한 적은 많죠. 하지만 손님들을 떠올리면 차마 그럴 수가 없어요. 두오모에는 2주에 한 번씩 오는 14년 차 고등학생 단골이 있는데요, 네 살에 처음 만나 그의 유년 시절과 10대를 함께 보냈다는 사실이 새삼 놀랍고 감격스러워요. 곧 성인이 된 모습을 볼 수 있지 않을까 기대해요. 대단하지 않고 더 이상 힙하지 않아도 '별것 아닌 편안함'을 주는 식당다운 식당으로 이곳에 오래도록 자리하고 싶어요. 어떤 시류에도 흔들리지 않고 옛 모습을 고스란히 간직해온 이 동네처럼요."

"이 동네에는 영화를 만들고, 글을 쓰고, 여행을 좋아하는 크리에이티브한 멋진 사람이 정말 많이 살아요. 저희와 결이 맞는 사람들이 가게를 자주 찾아주었으면 좋겠다는 바람이 현실이 됐어요. 의리 있고, 정 많은 사람들의 태도에서 많은 걸 배워요. 이제는 주인과 손님을 넘어 서로를 존중하는 관계로 더 가까워졌고요. 함께 축적해온 시간만이 가질 수 있는 힙일 테지요."

마음에 쉼과 여유를 주는 사진 전문 서점

ADDRESS 서울시 종로구 효자로7길 5
INSTAGRAM @irasun_official
FOUNDED 2016년
PRODUCTS 사진 전문 서적

SHOP

Irasun

이라선

"책은 작가의 전 생애와 세계관이 압축된 작은 물건이에요. 책 한 권만으로도
거대한 전시장을 다녀온 것과 같은 충족감을 느낄 수 있죠. 독서 역시 예술
작품을 감상하는 것만큼이나 완전히 몰입해야 해요. 책을 매개로 타인의 세계를
들여다보려면 마음이 복잡하거나 바쁘지 않고 빈자리가 있어야 하는 이유죠."
좋은 사진집을 고르고 소개하는 서촌의 사진 전문 서점 이라선의 김진영
대표는 책에만 온전히 집중할 수 있는 조용하고 여유로운 공간을 바랐다. 그는
오랜 기억을 더듬어 서촌이라는 동네를 떠올렸다. "지금은 사라지고 없는
작은 책방 '가가린'을 찾아 서촌에 처음 왔어요. 독립 잡지를 입고하러 들렀을
거예요. 서울답지 않게 낮은 층고의 건물들, 그 사이로 보이는 인왕산, 카페
'mk2'와 디자인 스튜디오 '워크룸', 서점 '북소사이어티'가 있는 골목으로
기억하는 한적하고 느린 동네였죠." 서촌의 골목길을 걷다 우연히 샛길로 난
골목에서 지금의 구옥을 발견한 김진영 대표는 완전히 새로운 세계에 들어선
것 같은 기분을 느꼈다. 골목 깊숙이 들어가야만 찾을 수 있는 공간이 서점으로
제격이라는 생각에 오랜 시간 방치된 건물의 1층 작업실 공간을 개조해
이라선의 문을 열었다.

"이라선은 '이지 라이크 선데이(Easy Like Sunday)'라는 문장에서 따온
이름처럼 일요일의 느긋한 여유를 선사하는 서점이에요. 여기서는 책을 마음껏
펼치고, 만져보고, 읽으면서 온전히 집중할 수 있죠. 시간을 두고 마음에 드는
책을 발견해 즐겁게 문밖을 나서는 손님들을 볼 때 제일 행복해요." 공간을
통해 전하고 싶은 건 오직 '좋은 책'이라는 그는 매일 보이지 않는 작은 노력과
성실함으로 6년째 한자리를 지켜왔다. 서점이 세계와 세계, 사람과 사람을
잇는 역할을 한다는 믿음으로 단 한 권의 책을 고르고 소개할 때도 온 마음을
다했다. 그러자 점점 많은 사람이 골목 안에 숨어 있는 책방을 찾아오기
시작했다. "이곳을 찾는 사람들 모두 이상하리만큼 골목 초입에 들어설 때부터
마음이 편안하고 차분해진대요." 10평 남짓한 공간의 제약이 느껴질 때마다
조금 더 넓은 곳으로 옮길까 여러 번 고민했지만, 결국 도보 10분 거리에 따로
사무실을 두는 쪽을 선택했다. 이라선을 둘러싼 서점 풍경이 바뀌는 게 싫었기
때문이다. "오후 2시 즈음 창문 틈새로 한 줄기 빛이 들어오면서 햇빛과 종이의
물성이 만나는 장면이 책을 마음껏 탐미할 수 있게 도와주는 것 같아요. 해가

지기 전, 서점 앞 나무의 그림자가 책 표지 위에서 너울대는 순간에도 이 골목을 쉬이 떠나고 싶지 않다고 생각해요." 매일 골목을 산책하는 시간 역시 사무실과 서점을 오가며 생긴 즐거움이다. "새로운 길로 떠나는 모험을 해요. 서촌에 수없이 많은 골목이 있기에 가능한 일이죠. 길마다 예기치 못한 장면과 우연히 마주치는 재미가 있어요. 특히 주민들이 자기 집 앞에 식물을 제각각 다르게 심어둔 걸 볼 때면 귀엽고 사랑스러운 동네라는 생각이 들어요. 동네에 애정이 생겼나 봐요. 이곳만큼은 젠트리피케이션이나 개발 논리에 좌우되지 않고 동네가 간직한 아름다운 풍경이 그대로 남아 있길 진심으로 바라요."

"산책길에 같은 자리를 지켜온 가게들을 우연히 만나면 그대로 있어준 사실이 고맙고 반가워요. 그들을 알지 못했다면 저는 서촌에 서점을 열지 않았을 거예요. 서점을 열기 훨씬 전부터 알던 가게들과 그 당시 이곳에서 제가 접한 문화가 몇 년 후 이곳에 돌아와 이라선을 시작할 수 있는 자양분이 된 거죠. 이제는 이라선이 한곳에서 오래 자리를 지키면 저런 모습이 되겠다는 확신과 안도감을 주는 선배와도 같은 존재들이 됐어요. 이라선 역시 오래된 서점이자 동네의 일원이 되어 있을 미래를 자주 상상해봅니다."

QYUN

큐 – 채소의 진가를 알려주는
발효 식료품 카페

ADDRESS 서울시 종로구 자하문로26길 17-2
INSTAGRAM @grocery_cafe_qyun
FOUNDED 2019년
PRODUCTS 발효 식품, 채소 요리

서촌의 번잡한 대로변에서 조용한 궁정동 골목으로 올라가면, 옅은 오렌지색 벽돌로 된 5층짜리 공유 주택 '청운광산'의 1층에 위치한 큐은 발효가 제대로 된 채소만 있으면 고기 없이도 최상의 맛을 낼 수 있다는 철학을 바탕으로 운영하는 곳이다. 미생물 '균'을 영어로 발음한 상호명처럼 지하 발효 작업실에서 만든 누룩 간장, 유즈코쇼, 미소 된장 등을 직접 판매한다. 내부가 훤히 보이는 주방에서는 간단한 식사 메뉴와 음료를 선보인다. 지역 농부로부터 수급한 재료를 사용하고 메뉴판에 농장과 농부의 이름을 표기할 만큼 생산자와의 연대를 중요하게 여긴다. 아담하고 소박한 공간이지만 발효 문화를 재조명하고, 농부와 발효가를 소개하겠다는 포부와 내공이 느껴진다.

BARBER SHOP VESTIS

바버숍 베스티스 – 불변하는 멋의
세계로 사람들을 안내하는 편집숍

ADDRESS 서울시 종로구 자하문로12길 17 1층
INSTAGRAM @barbershop_co
FOUNDED 2010년
PRODUCTS 의류, 주얼리, 라이프스타일 소품

독특한 취향을 지닌 브랜드 제품을 앞선 감각으로 선보이는 편집매장이다. 이발소라는 의미의 상호를 달고 'A shop where men can get their style' 이라는 기치 아래 자신만의 스타일을 찾아가는 남성을 위한 제품과 스타일링을 소개해 왔다. 오픈한 지 4년 차인 2013년에 서촌으로 자리를 옮긴 지 10년 째다. 과거 유럽과 미국 동부 지역의 패션에서 영감을 받은 해외 바잉 상품을 위주로 전개해 헤리티지와 장인 정신을 기반으로 한 브랜드만을 엄선한다는 원칙을 고수해왔다. 이들이 제안하는 옷에서는 심플하지만 고급스러운 스타일을 추구하는 두 오너의 관점이 그대로 드러난다. 변치 않는 클래식의 멋과 가치를 아는 사람들이 꾸준히 모여드는 데에는 이유가 있다.

無目的·
Movement
Seoul

무목적·무브먼트 서울

동네에 아지트를 만드는 일

LOCATION 서울시 종로구 필운대로 46
TYPE 근린생활시설
SIZE 대지 면적 177.20m², 건축 면적 104.91m²
FLOOR PLAN 편집매장, 사진 스튜디오, 갤러리, 카페, 루프톱

권태진은 기와집과 낮은 건물 사이 곳곳에 작은 상점이 줄지어 늘어선 필운대로
한복판에 4층 규모의 철근콘크리트 건물을 지은 후 '무목적(無目的)'이란
이름을 붙였다. 건물의 설계부터 운영까지 모든 걸 관리 감독한 그는 무목적의
오너인 동시에 공간 기획자다. '목적 없음'이라는 이름처럼 권태진은 사람들이
건물의 외적 요인에 현혹되기보다 그 건물이 만들어낸 환경을 점유하며 건물의
진가를 발견하는 것이 중요하다고 여겼다. 원래 콘크리트 벽으로 닫혔던 건물
1층에 샛길을 내어 길목에 통로를 만들었다. 주차장 터에 공용 벤치를 설치해
휴게 공간으로 활용하고, 옥상을 개방해 모두가 높은 곳에서 인왕산을 조망할
수 있게 했다. 그뿐 아니라 건물이 주변의 옛 건축양식과 대비했을 때 지나치게
도드라지지 않도록 일부러 크고 작은 상처를 내는 치핑 chipping 공법으로
벽면을 마감했다. 사유물임에도 불구하고 2019년 서울시 건축상 최우수상을
받은 건 무목적이 생활 속에 스며든 건물이라는 공공성을 인정받았기 때문이다.
"목적 없이 배회하다 발견한 아지트를 만들고자 했습니다." 권태준이 유명
카페를 1층이 아닌 최상층에 입점시킨 이유도, 전시 기획사 무브먼트 서울과
협력해 직접 운영하는 '무목적 갤러리'를 3층에 연 이유도, 이렇다 할 간판을
크게 달지 않은 이유도 사람들이 건물에서 발생하는 일련의 일에 호기심을
갖고 건물을 유영하길 바랐기 때문이다.

"건물은 두 동으로 나뉘는데, 오른편 지하와 1층에는
편집숍 '팀블룸', 2층에는 사진 스튜디오 '심도',
3층에는 컨템퍼러리 전시 공간 '무목적 갤러리',
4층에는 카페 '대충 유원지'와 인왕산을 조망할 수 있는
옥상이 있어요. 왼편 2~3층에는 디자인 제품 숍 '미뗌
바우하우스'가 위치하고요. 두 동은 서로 연결되어 왕래가
가능한데, 저는 이를 통해 새로운 관계가 형성되길
기대하고 있어요. 처음에 좀 아쉽다고 생각한 점은
팀블룸과 미뗌 바우하우스 측의 폐쇄성인데요, 가령
팀블룸은 벨을 눌러야만 입장이 가능한 시스템이고,
미뗌 바우하우스는 방문 예약제를 실시해요. 소비자
입장에서 보면 문턱이 하나 있는 건데요, 지금 와서
돌이켜보면 이 문턱 덕분에 서촌 특유의 차분한 정서가
무목적에도 존재하는 것 같아요."

권태진, 무목적 대표

"무목적 갤러리는 특정한 콘셉트를 정하지 않고
지속적 변화를 추구하는 갤러리입니다. 일반
전시가 명확한 콘셉트 안에서 작가 선정과 작업을
보여주는 방식이라면, 무목적 갤러리는 작가들이
하고 싶은 걸 하도록 내버려두는 식이에요. 권태준
대표가 제게 갤러리 운영을 부탁했을 때도 작가를
기획에 가두지 않는 데 서로가 동의해서 수락한
것이거든요. 무브먼트 서울에서 그간 35회 정도의
전시를 기획했는데, 그때마다 갤러리의 지침이 정말
많았습니다. 무목적 갤러리는 그런 지침 속에서 쉼을
주는 저희만의 방법이죠. 덕분에 이곳에서 진행하는
전시에 따라 방문하는 사람들도 바뀌고 있어요.
저는 그게 꼭 살아 숨 쉬는 것처럼 느껴져요. 기존의
화이트 큐브와는 다른 어떤 생동감이 생기는 것이죠.
무목적 건물처럼요."

김하윤, 무브먼트 서울 대표

"서촌 필운대로는 한옥과 낮은 건물 사이 곳곳에
작은 상점이 줄지어 늘어서 있습니다. 경복궁
서쪽 돌담을 따라 큰 대로변을 중심으로 형성된
동네(창성동·효자동 등)를 품은 자하문로와 달리
인왕산에 인접한 이곳은 젊은 세대가 주체적으로
새로운 실험을 할 수 있는 작은 필지와 공간이
많아요. 그래서 서촌에서도 변화의 폭이 큰 곳이죠.
저는 이 길목에 순환과 변화가 일어나는 영구적인
건물이 있으면 좋겠다고 생각했어요."

권태진

"무목적 갤러리는 오늘 함께한 무브먼트 서울 김하윤 대표이사와 협력해 운영합니다. 처음부터 갤러리를 운영할 생각은 아니었는데요, <은하철도 999>로 세간에 알려진 작가 마쓰모토 레이지의 탄생 80 주년을 기리는 전시 <갤럭시 오디세이>를 보고는 이런 전시가 무목적에서 펼쳐지면 좋을 것 같다는 생각을 했죠. 상업 공간 사이에 비상업적 갤러리가 하나 있으면 무목적을 찾는 이들이 건물을 좀 더 잘 활용할 수 있을 거란 이상한 확신이 들었거든요."

권태진

"갤러리를 품은 건물 대부분은 1층을 전시 공간으로 할애하는데, 무목적 갤러리를 과감하게 3층으로 올린 것도 사실 놀라운 선택이에요. 권태진 대표의 선택 하나하나가 공간을 분명 다르게 만든다고 생각해요. 그런 관점에서 권 대표와 함께 일하는 건 저 자신의 편견과 싸우는 도전 같기도 합니다. 제가 무목적 일을 하면서 오피스를 강남에서 서촌으로 옮겼더니 어느 순간 머리가 맑아지는 거예요. 이곳에서 일한 경험이 많지만 그땐 사실 잘 몰랐거든요. 왜 그런가 곰곰이 생각해보니 여긴 애써 멋 부리는 공간보다 자연스럽게 멋이 깃든 공간과 사람이 많더라고요. 우스갯소리로 '이 동네는 할머니 할아버지도 히피야'라는 말을 자주 하게 되는 이유입니다."

김하윤

141

서촌은 의외성을 지닌 동네다. 골목을 한없이 걷다가 샛길로 빠지고, 다시
그 샛길을 따라 걸으면 또 다른 길이 나와 어딘가로 이어지는 기이한 구조가
계속된다. 조용하고 한적한 골목을 빠져나오면 동네 옆으로 뻗어진 경복궁
궁궐터 길이 펼쳐지는데, 옛 정취가 남아 있는 길을 따라 걷다가 궁의
서문인 '영추문' 입구로 들어서면 궁궐 산책을 즐길 수 있다. 바로 건너편의
'보안여관'은 장기 투숙하던 예술가들의 보금자리에서 갤러리를 갖춘 복합
문화 공간으로 탈바꿈해 80년 넘게 자리를 지키고 있다. 그 옆 샛길에 자리한
'대림미술관'을 비롯해 골목에 크고 작은 갤러리와 '박노수 구립 미술관',
'윤동주 시인의 생가' 등 오래된 예술가의 집이 곳곳에 산재한다. 자연과 바로
맞닿아 있는 동네의 지형적 특성도 의외성을 한층 더 높인다. 주민들의 삶과
애환이 담긴 '통인시장'을 통과해 옥인동 골목을 따라 5분 정도 걸어 올라가면
상상치 못한 풍경이 펼쳐진다. 주민들은 인왕산 자락 아래 '수성동계곡'에서
계곡물이 바위틈을 비집고 콸콸 흘러내리는 풍광을 보며 쉬거나 도시락을
먹기도 한다. 근처 산책로를 따라 더 가면 보이는 '인왕산 더 숲 초소책방'은
도심 한복판에서 탁 트인 하늘 아래 산이 그리는 능선을 여유롭게 바라볼 수
있는 곳이다. 과거 청와대 방호를 위해 초소와 기지로 쓰던 곳을 휴식 공간으로
고쳐 주민들의 쉼터 역할을 한다. 지금 걷는 길이 어디로 펼쳐지고 닿을지
모른다는 불확실성과 문화적·예술적으로 풍부한 동네 인프라가 주민들에게는
길을 걷는 즐거움을, 서촌을 찾은 외지인에게는 일상의 쉼을 선사한다.

● SEOCHON

142

Capture the Moments

HYUNSEOK KIM

"동네에 산이 있는 건 정말 중요한 것 같아요. 저는 계절을 받아들이는
데 예민한 편인데요. 인왕산 덕분에 계절을 맞이할 마음의 여유가
더 생긴 것 같아요."

SEUNGMO SEO

"저녁녘 편하게 입고 나와서 경복궁 돌담을 바라보며 맥주 한잔하는
걸 좋아합니다. 서촌에 살기에 가능한 행위이죠."

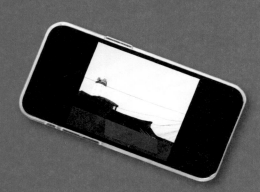

BORA HONG

"눈에 거슬리지 않는 평온한 풍경이 서촌의 참모습이라고 생각해요.
건물은 건물로 하늘은 하늘로 각자의 역할에 충실하죠."

IN HEO

"경복궁 돌담길이 한눈에 내려다보이는 레스토랑 '온지음'에서
볼 수 있는 봄과 가을의 거리 풍경을 좋아해요. 다른 동네에
갔다가 돌아오는 길에 이 길이 보이면 비로소 우리 동네에 왔다는
안도감마저 느껴집니다."

JONGMYUNG LEE

"눈 내리는 날 길을 걷다가 제가 운영하는 mk2를 촬영했습니다.
제게 서촌의 매력을 알려준 공간이니, 제일 소중한 풍경이죠."

JUNGMIN SON

"조금만 걸으면 인왕산이 나오고, 조용한 산책을 즐길 수 있는
아름다운 골목길도 정말 많아요. 걷는 것과 보는 것 모두 좋아하는
저에겐 이 동네가 지닌 최고의 장점이에요."

HAYOON KIM

"무목적 옥상에서 바라본 풍경입니다. 권태진 대표가
이 옥상을 모두에게 내준 건 서촌을 가장 잘 묘사한 풍경을
모두와 나누기 위함일 거예요."

JINYOUNG KIM

"동네 골목길 산책을 하다가 틈틈이 찍어 두었어요. 집 앞에 꽃이나
식물을 심어 두는 풍경이 좋아서 골목길을 자꾸만 걷게 되어요.
집집마다 주인들의 개성이 드러나서 보는 재미가 있어요."

GREENWICH VILLAGE,

NEW YORK

뉴욕 맨해튼 남서쪽에 위치한 그리니치빌리지는 재즈와 록, 스탠드업 코미디와 순수 예술처럼 한 공간에 존재할 수 없다고 믿는 요소가 한데 모여 얽히고 뒤섞이는 동시에, 현재와 과거가 끊임없이 교차해 특별한 역사를 만들어온 곳이다. 동네에 접어들면 갑자기 옐로 캡의 시끄러운 경적이 잦아들고, 거대한 가로수가 무성한 길 위 아름다운 돌계단의 브라운 스톤 아파트가 늘어선 동화 같은 풍경이 펼쳐진다. 골목 곳곳에는 작고 아담한 숍, 고급 레스토랑과 디자이너 패션 브랜드의 부티크가 자리한다. 과거 '보헤미안의 천국'이라는 별명으로 불렸던 곳답게 진보 정치가, 극작가, 시인, 예술가를 중심으로 자유분방하고 급진적인 '반문화 운동(counter culture)'의 발원지가 되기도 했다. 인근 뉴욕 대학교 건물에 둘러싸인 워싱턴 스퀘어 파크 Washington Square Park에서는 거리 예술가의 퍼포먼스가 펼쳐지고, 밥 딜런 Bob Dylan 등 전설적인 아티스트가 데뷔한 재즈 클럽들은 보통 50년 이상 한자리를 지키고 있다. 항상 풍부한 예술적 영감을 주는 이곳은 1980년대 이후 부촌으로 변모해 비록 동네의 토양을 만들어온 원주민들은 떠났지만 여전히 자유분방함과 여유가 필요할 때 찾는 아름다운 동네 역할을 한다.

"그리니치빌리지에는 몇몇 보헤미안 문화의 랜드마크가 여전히 존재한다. 동네는 규모가
워낙 작아 도보로 다닐 수 있으며 음악의 성지순례를 하기에 최적인 동네. 뉴욕의
공유 자전거 시티바이크를 이용한다면 이곳에서 모험 가득한 경험도 할 수 있다."
가디언 The Guardian

"포토제닉한 도시, 뉴욕 중에서도 특히 그리니치 빌리지는 영화의 배경이 되는 동네로
자주 등장한다. 고요하고 어둑한 거리, 브라운 스톤 하우스, 세련된 부티크, 술집, 레스토랑,
때로는 아름답거나 부유한 주민들을 보면 그토록 많은 영화 캐릭터가
왜 그곳에 살고 있는지 쉽게 알 수 있다."
론니 플래닛 Lonely Planet

"한때 아티스트와 반항아가 살던 곳에는 고급 빌딩이 들어섰지만, 그리니치빌리지는
여전히 뉴욕의 그 어떤 동네보다 풍부한 문화와 역사를 간직한 동네다."
뉴욕 타임스 The New York Times

"그리니치빌리지는 자신을 재창조하고 정의 내리고 싶어 하는 이들을 위한
안식처가 되었다."
영화 <The Ballad of Greenwich Village>

에디터 홍수경, 정승혜 | 포토그래퍼 끼모 킴

149

ZERONA
Remove Fat, Reduce Inches.
ZERO Surgery
ZERO Pain
ZERO Downtime
S * BURGERS
178
VILLAGE VANGUARD
spa
180

TALK

JIM DROUGAS
짐 드루거스
서점 주인

DONNA FLORIO
도나 플로리오
작가

ERIC MYERS
에릭 마이어스
작가·출판 에이전트

작은 서점을 운영하는 짐 드루거스, 유년 시절의 기억이 담긴 회고록을 출간한 작가 도나 플로리오, 책을 집필하고 출판 에이전트 일을 하는 에릭 마이어스 모두 그리니치빌리지에서 오랜 시간 터전을 일구며 역사적 순간을 목격한 산증인이다. 이들은 그리니치빌리지가 뉴욕 내에서도 매력적으로 다가오는 이유에 대해, 다양한 문화와 계층이 뒤섞여 만들어낸 개방성과 포용성을 품은 동네이기 때문이라고 말한다.

(왼쪽부터) 짐 드루거스, 도나 플로리오, 에릭 마이어스

자기소개를 부탁드립니다.

짐 드루거스(이하 짐): 1970년대 말부터 이 동네에 살았고 30년 동안 카마인 스트리트 Car-mine Street 에서 서점 '언오프레시브 논-임페리얼리스트 바겐 북스 Unoppressive Non-Imperialist Bargain Books'를 운영해왔습니다. 서점 이름 때문에 사람들이 '카를 마르크스 Karl Max 책을 파는 좌파 성향의 서점'으로 오인하기도 했지만 흥미로운 책도 많아요. 오픈 초창기에는 수백 권의 안토니오 그람시 Antonio Gramsci 의 책과 밥 딜런을 다룬 음악 서적이 팔렸고, 지금은 프란츠 파농 Frantz Fanon의 책이 인기가 있어 신기합니다. 사회주의를 지지하는 정치가 버니 샌더스 Bernie Sanders가 젊은 층에게 지지받으면서 서점을 찾는 젊은 고객이 늘었어요. 기념품으로 마르크스의 책을 사 가는 손님도 있죠. 특히 이곳 주민들은 팬데믹 이후에 더 자주 방문해요. 우리는 항상 서로의 안부를 묻고 의견을 나눕니다.
도나 플로리오(이하 도나): 팬데믹으로 사람들이 좀 더 친밀감을 느끼고 싶어 하는 것 같아요. 예전부터 이곳은 짐의 서점처럼 오너의 개성이 빛나는 작은 상점이 모여 있었죠. 어떤 종류의 물건을 팔든지 간에 손님들과 오랫동안 끈끈한 우정을 쌓아갔고요.

도나는 동네의 풍경을 기록한 <Growing up Bank Street>란 회고록을 쓰셨어요.
그리니치빌리지 태생인가요?

도나: 맞아요. 1955년에 이곳에서 태어나 올해로 66세가 되었어요. 어머니는 소프라노 성악가였고, 아버지는 블리커 스트리트 Bleeker Street 에 있던 '모토 아그라 Moto Agra'라는 작은 오페라극장의 감독이었습니다. 보헤미안 감성을 지닌 두 부모님은 아티스트로서 특별한 삶을 살고자 이곳에 정착했죠. 덕분에 저는 1890년대에 지은 5층 아파트에서 자라며 예술가, 작가, 비트 족 등 다양한 이웃들을 만났습니다. 제 책은 그 이웃들에 대한 이야기이자, 아주 끔찍한 순간에도 멋진 것을 발견할 수 있다는 증거이기도 합니다. 책을 집필한 9·11 테러 사태 당시에 저는 쌍둥이 빌딩이 훤히 보이는 다운타운의 공립학교에서 근무하고 있었어요. 무사히 집으로 돌아왔지만 충격에서 헤어 나오지 못했고, 그리니치빌리지에서 만난 동네 이웃에 대한 이야기를 쓰기 시작했어요. 당시에는 그다지 특별하다고 생각해본 적이 없지만, 기억을 더듬을수록 이 작은 골목에 살던 이웃들의 이야기가 흥미롭다는 것을 깨달았죠.

읽어보니 정말 신기했어요. 에릭은 그리니치빌리지에서 출판 일을 하고 계시죠?

에릭 마이어스(이하 에릭): 맞아요. 저는 현재 그리니치빌리지의 웨이벌리 플레이스 Waverly Place에서 출판 매니지먼트 오피스를 운영하고 있어요. 작가와 작품을 출판사와 연결해주는 일을 합니다. 언제나 뉴욕에 오고 싶어 했고, 뉴욕에서 영화 홍보 일을 하게 되었죠. 수십 년 동안 영화 <줄리 & 줄리아 Julie & Julia> 등 약 60편의 영화를 담당했고요. 할리우드 세트 디자인의 역사에 관한 책을 쓰기도 했습니다.(웃음) 그리니치빌리지는 제 인생에서 매우 큰 부분을 차지하는 장소예요.

그리니치빌리지의 영역을 두고 사람들마다 의견이 분분합니다. 제가 알기론 동쪽과
서쪽 기준으로 5번가와 허드슨 강변까지의 구역인데요.

도나: 5번가를 넘어 세인트 막스 플레이스 St. Marks Place 까지 포함한다고 보는 이도 있어요. 어릴 때는 5번가의 그리니치빌리지 동쪽을 '로어 이스트 사이드 Lower East Side'라고 불렀죠. 1950년대 무렵부터 1960년대까지 개발 때문에 그리니치빌리지의 임대료가 치솟자 이곳에 있던 예술가들이 동쪽으로 밀려났습니다. 그렇게 조금 더 동쪽에 모인 예술가들이 독자적인 개성을 지닌 동네를 이루며 로어 이스트 사이드나 그리니치빌리지 이스트에서 '이스트 빌리지'란 이름으로 고유의 문화를 만들어나갔어요. 그러니까 현재 주민들이 흔히 말하는 확장된 '빌리지'는 바로 이 그리니치빌리지에서 확장된 셈이에요.
에릭: 워싱턴 스퀘어 파크 근처가 모두 뉴욕 대학교의 건물이 된 요즘에는 대학교 건물이 밀집된 구역을 아예 '뉴욕 대학교 지역(NYU Area)'이라고 부르더라고요.

오랫동안 동네에 터를 잡고 지낸 만큼이나 세 분 모두 동네에 강한 소속감을 지니고
있을 것 같아요. 그리니치빌리지의 가장 큰 장점은 무엇인가요?

에릭: 지하철이 잘 갖춰져 있어서 택시를 탈 일이 전혀 없어요. 어디로 향하든 역으로 들어가기만 하면 되니까요.
도나: 보기에도 건물의 크기와 양식이 다른 동네와는 확연히 달라요. 업타운(Upper Manhattan)만 가더라도 하늘 높이 솟은 고층 빌딩으로 가득하죠. 반면 그리니치 빌리지는 건축적으로 이 동네 고유의 개성을 오래 유지하고 있어요. 그래서 마치 뉴욕이 아닌 다른 도시에 있는 느낌이에요.
짐: 정말 동감해요. 예술가, 시인, 비트족(Beat Generation), 히피가 살던 동네로도 잘 알려져 있어요. 과거부터 유럽에서 건너온 이탈리아 사람들이 하나의 큰 커뮤니티를 이루고 살았고, 심지어 갱단과 마피아도 있었으니까요. 그만큼 이곳은 다양한 문화가 한데 뒤섞였다는 사실을 알 수 있어요. 예술을 사랑하는 아티스트와 보헤미안에게 여전히 매력적인 동네로 여겨지는 이유입니다.
에릭: LGBTQ 운동의 초석을 쌓은 '스톤월 항쟁(Stonewall riots)'이 벌어진 곳이기도 하죠. 게이들에게는 마치 집과 같은 안전함이 느껴지는 동네예요.

짐: 맞아요. 결국 모든 것에 열려 있는 동네라고도 할 수 있겠네요. 과거 뉴욕은 '뉴 암스테르담'이라고 불릴 때부터 세상의 모든 것을 수용하는 도시였으니까요. 이곳 빌리지에는 노숙자들도 많이 모여들었지만 윌리엄 W. 버로스, 제임스 볼드윈처럼 세계적으로 유명한 시인도 이곳에서 탄생했죠. 정신적으로도 다양한 요소가 공존해요. 세계 여행을 많이 다녔지만 이런 동네는 또 없어요.

도나: 아마 절대 못 찾을 거예요.

그렇다면 동네를 관통하는 '열린 다양성'이 가능한 배경은 무엇이라고 생각하나요?

도나: 엄청난 질문이네요.(웃음) 우선 허드슨강 강변에 여러 개의 부두가 있어요. 당시 선원들의 국적이 영국인, 독일인, 아일랜드인 등으로 다양했고, 그들의 민족성이 변화를 만들어냈을 겁니다. 그 후 이민자 1세대의 후손이 이곳에서 태어났고, 지금도 많은 비중을 차지하는 이탈리아 사람들은 생선 가게나 정육점을 열었어요. 그래서 동네에 이탈리언 레스토랑이 밀집해 있는 거고요. 다른 한편에는 빌리지의 땅을 소유하고 있던 부유층이 자리를 잡았어요. 몇몇 유명인과 영화 배우들은 갈색 벽돌(brown stone) 건물에 살았고요. 길가에는 매춘부나 마약상이 돌아다녔죠. 댄서, 뮤지션, 작가, 지식인들도 각자 머무를 장소를 찾아 이 동네로 왔어요. 정말 다양한 사람들이 모여 한동네에 살게 된 거죠. 늘 조화로웠던 것은 아니고 서로 노력했어요. 그래서 이곳에서는 인종과 성별을 기준으로 서로를 이해하지 않아요. 일례로 흑인과 백인의 결혼이 불법이던 시절에도 제가 살던 아파트 아래층에는 흑인 아내와 백인 남편인 부부가 살고 있었으니까요.

그래서인지 이곳은 여전히 살고 싶은 동네로 거론돼요. 팬더믹 때 그 수요가 정점을 찍었다고 들었어요. 사람들은 왜 이곳에 살고 싶어 할까요?

에릭: 독특한 분위기와 경험을 주기 때문인 것 같아요. 맨해튼에 있지만 고유한 분위기와 과거부터 잘 지켜온 역사적 유산으로 가득하죠. 유리가 번쩍이는 거대한 높은 빌딩은 찾아볼 수 없습니다. 19세기 풍의 아름다운 집들이 즐비한 거리를 걷고 싶어 해요. 비록 뉴욕 주립대학교 건물이 기존 동네 구조를 분리해 아쉽기는 하지만요. 사소하지만 흥미로운 부분은 동네의 길 이름이에요. 굉장히 다양하고 숫자로 된 길 이름이 거의 없어요. 마치 좌표처럼 짜인 업타운의 동네와 비교했을 때 이 지역만의 특징이죠.

짐: 서점이 위치한 칼마인 스트리트만 해도 5년 사이에 임대료가 2배나 올랐어요. 저는 다행히 임대료 안정화 주택에 살고 있지만요. 오랜 기간 지켜본 바로 빌리지는 일정한 역사의 반복 주기가 있는 것 같아요. 1970년대는 모터사이클 갱단 때문에 동네 거리가 험악해지다가 1980년대 초반에는 사람들이 쇼핑하러 이곳을 찾았죠. 1990년대에 또다시 동네에 위험 구

역(grundge zone)이 생겼다가 사라졌고요. 과거에 벌어진 일이 반복되는 느낌입니다. 눈에 보이는 평화로운 거리 이면에서 문화적 분쟁이 끊임없이 벌어지거든요. 물론 개발되는 것보다는 흥미진진해요. 몇몇 유명한 영화도 동네의 특정 부분만 지나치게 강조해서 인기를 부추겼습니다.

에릭: 짐의 말처럼 저 또한 뉴욕을 배경으로 한 영화를 보고 이 동네에 이끌리듯 오게 됐으니까요.

그리니치빌리지에 얽힌 추억을 하나씩 이야기해주실 수 있나요?

짐: 브루클린에서 자랐지만 유년 시절에 동네를 누비고 다녔어요. 열여섯 살에 본 첫 공연이 전설적인 아티스트 프랭크 자파 Frank Zappa의 공연이었죠. 젊은 시절에는 그리니치빌리지의 전설적인 스탠드업 코미디언 레니 브루스 Lenny Bruce의 참고 문헌 목록을 학술지에 싣겠다며 도서관을 열심히 뒤지고 다녔네요. 그런 의미에서 아마존 오리지널 드라마 시리즈 <더 마블러스 미세스 메이즐 The Marvelous Mrs. Maisel>에 등장하는 레니 브루스라는 캐릭터는 현실 고증이 매우 정확해요.

도나: 오! 그리니치빌리지를 배경으로 해서 그 시리즈를 챙겨 봤어요. 등장하는 캐릭터들에 현실감이 있더라고요. 어쩌면 그 이상으로 더 많은 이야기를 담고 있죠.

이번에는 매우 어려운 질문을 드릴게요. 각자 동네에서 좋아하는 장소를 하나만 선택한다면 어디인가요?

에릭: 홀로 그로브 스트리트 Grove street 를 산책하는 것을 좋아해요. 사람들이 잘 모르는 비밀스러운 장소라서 더욱 특별하게 느껴지죠. 큰길에서 벗어나 있어 조용하고 아름다워요. 가끔 친구들이 동네에 놀러 오면 주변 풍경을 보여주고 싶어서 데리고 가곤 합니다.

도나: 하나만 선택하기 어렵지만 정했어요. 아주 어릴 때 애빙던 광장(Abingdon Square)에서 노는 걸 좋아했어요. 광장 근처 세 블록에 걸쳐 마구간이 있었어요. 그 당시는 경찰이 자동차 대신 말을 탔는데, 말이 거리를 지나갈 때마다 흥분하곤 했죠. 그네 같은 놀이 기구도 볼 수 있었는데 지금은 꽃이 핀 풍경이 매력적인 공원이 되었지만요.

짐: 하나만 꼽자니 너무 어렵네요. 서점 바로 옆에 위치한 헨리 처칠 광장(Henry Churchill Square)에는 특별한 추억이 있어요. 바로 옆 2층 건물에 프리 스쿨이 있어 아이들이 다 같이 광장 놀이터에서 어울려 놀곤 했죠. 공원 관리국이 아이들을 전부 쫓아내려고 하자 동네 학부모들이 합심해 뉴스에 고발했고 결국 놀이터를 사수했어요.

가장 좋아하는 식당과 상점도 궁금해지네요.

에릭: 1923년에 문을 연 릴락 초콜릿 Li-lac Chocholate이라는 뉴욕에서 가장 오래된 초콜릿 가게요. 전통적인 레시피를 가지고 있죠. 2년 전에 그리니치 애비뉴 Greenwich Avenue 로 옮겼어요. 그리니치 빌리지 애비뉴의 혼잡한 오거리 교차로에 위치한 오래된 아이리시 레스토랑 엘리펀트 앤 캐슬 Elephant And Catsle도 좋아해요. 적정한 가격대를 유지하고 있거든요.

도나: 1919년부터 웨스트 11번가를 지키고 있는 진스 레스토랑 Gene's Restaurant을 좋아합니다. 정통 이탤리언 요리를 하는 곳으로 문을 여는 순간 1920년대로 돌아간 것 같아요.

짐: 채식주의자에게 천국과 같은 레스토랑 레드 뱀부 Red Bamboo의 오랜 단골입니다. 아시안 퓨전 식당인데 원래는 뉴욕의 차이나타운에서 운영하다가 이곳으로 왔어요. 그리고 북쪽에 위치한 서점 스트랜드 북스 Strand Books를 가장 좋아해요. 서점의 2대 주인 프레드 배스와 무척 가까웠고 프랑크푸르트, 런던, 시카고 등으로 출장을 함께 가곤 했죠. 어릴 때부터 봐온 프레드의 딸이 오너가 되었네요. 제게도 롤 모델이 된 서점 중 하나예요.

   동네에 머무는 동안 정말 많은 것이 없어지고 또 생겨났을 텐데요. 젊은 세대도 꾸준히
   유입되고 있다고 하고요. 이곳의 변화는 여러분들에게 어떤 의미로 다가오나요?

도나: 어떤 변화인지에 따라 다르겠죠. 제가 사는 아파트에 이사를 와서 문을 두드리고 자기소개를 하는 젊은이들의 에너지를 사랑합니다. '카페 레지오 Caffè Reggio'처럼 영원히 그 자리에 있는 공간이 새로운 세대를 위한 배경이 되었죠. 하지만 사람들은 여전히 그리니치 빌리지에 와서 사랑에 빠지고, 저마다의 성공을 꿈꿉니다. 모든 사람에게 자신만의 빌리지가 있고 자신만의 이야기가 있어요. 그 모든 모습을 지켜보는 게 즐거워요.

짐: 젊은 세대들이 동네를 방문하며 만드는 분위기가 좋아요. 버니 샌더스의 선거 지부가 웨스트 빌리지 부근에 있어 동네에 젊은 세대가 늘어났어요. 기억에 남는 장면은 열네 살 정도 되는 소녀들이 거리에서 행복하게 뛰어다니며 춤을 추는 모습이에요. 이 동네에 도대체 무슨 일이 벌어지고 있는지는 알 수 없었지만, 그 모습이 굉장히 사랑스러웠어요.

에릭: 저는 오래된 것을 보존하고 싶은 마음이 더 큰 사람이에요. 과거가 빠르게 잊히는 건 슬프고, 종종 화가 나기도 합니다. 특히 완전히 새로운 것이 오래된 것을 대체해버릴 때요. 즐겨 가던 레스토랑이나 상점이 없어지는 것은 안타까운 일이에요. 저를 비롯한 이곳의 주민 모두가 동네에서 벌어지는 일이라면 매우 강렬한 감정을 느끼는 것 같습니다.

오래된 아름다움을 찾아주는 유서 깊은 골동품 숍

ADDRESS 548 ½ Hudson St, New York
INSTAGRAM @theendofhistory
FOUNDED 1997년
PRODUCTS 빈티지 유리 화병 및 세라믹 예술품

SHOP

The End of History

엔드 오브 히스토리

고즈넉한 허드슨 거리에 위치한 엔드 오브 히스토리는 빈티지 유리 화병과 도자기를 선보여왔다. 겉으로는 비좁아 보이는 숍에 들어서면 빨강, 주황, 노랑, 파랑, 보라부터 무채색까지 앤티크 화병과 도자기가 아름답게 정돈되어 있다. "1만여 점 이상의 컬렉션은 유리 화병에 대한 집념(obsession)에서 시작되었죠." 숍 오너 스티븐 선더스 Stephen Saunders는 19세기 영국 가구를 미국으로 수입하던 부모님 덕에 유년 시절부터 어깨너머로 사업을 배웠다. 유리 화병의 매력에 이끌린 그는 미래에 화병 전문 골동품 숍을 열겠다는 꿈을 간직한 채 패션업계에서 일하던 중, 유럽의 진귀한 화병이 뉴욕의 중고 시장에서 단돈 5달러에 팔리는 장면을 목격했다. 그 길로 살 수 있는 유럽 빈티지 화병을 모조리 사들여 1997년에 그가 속한 영국계 미국인 커뮤니티가 있던 그리니치빌리지에 가게를 열었다. 숍 이름은 프랜시스 후쿠야마의 소설 <역사의 종말(The End of History and the Last Man)>과 예술 비평가 로버트 휴스 Robert Hughes의 칼럼에서 따왔다. "가게 문을 연 해는 21세기로 이행하는 과도기이자 고가의 유럽산 예술품이 중국산 대량 생산품으로 대체되기 시작한 때였어요. 백화점과 부티크의 역사가 끝나는 시점에 20세기의 빈티지 제품을 통해 미드센추리 모던의 무드를 재창조하고자 했습니다."

선더스는 타고난 색채 감각으로 철저하게 색에 따라 빈티지 화병과 도자기를 분류하고 배치한다. 미니멀리즘 미학이 대세였던 1990년대 후반에 강렬한 색감과 독특한 형태를 강조하는 일은 실험적이었지만 그의 안목에 이끌린 손님들은 독특한 색과 모양을 지닌 물건에 매력을 점차 느끼기 시작했다. "저는 자신을 취향 제조자(taste maker)라고 생각해요. 단골들은 제 취향이 담긴 컬렉션을 정말 좋아하죠. 이곳에선 가치 있는 물건을 발견할 수 있다고 자부합니다." 다양한 색감의 화병과 도자기를 취급하는 유일무이한 숍으로 알려져 전 세계 사람들이 찾아오지만, 주 고객층은 그리니치 빌리지의 주민들이다. 그는 2009년 유명 패션 디자이너 마크 제이콥스 Marc Jacobs 가 그리니치빌리지에 이사 온 후 수많은 패션 디자이너와 유명인이 동네로 모여들었고, 인기 있는 부촌으로 발전하며 고가품을 판매하는 그의 사업도 더욱더 성장할 수 있었다고 회상한다. 25년 동안 엔드 오브 히스토리는 주변 숍이 수없이 문을 여닫길 반복하는 동안에도 굳건히 제자리를 지키며

'그리니치빌리지 스타일'을 대표하는 숍으로 거론된다. 선더스는 그 이유를 동네와 이웃에게서 찾는다. "팬데믹 초기 록다운 탓에 강제로 가게 문을 닫아야 했을 때, 숍의 인스타그램 계정으로 상품권을 판매했어요. 예상보다 많은 주민이 상품권을 구입해 다시 찾아와주었죠. 정말 고마웠습니다. 그 후로 동네 커뮤니티의 일원으로서 팬데믹 이후의 로컬 비즈니스 회복에 앞장서고 있어요. 또 이곳이 스톤월 항쟁 등 성소수자 권익 보호 운동이 시작된 동네라는 사실은 게이인 제게 매우 중요하고 큰 영감을 줘요. 동네를 기반으로 형성된 유서 깊은 게이 커뮤니티도 힘이 되고요. 그리니치 빌리지의 모든 역사와 문화가 저를 온전히 보호해준다고 느껴요."

"저는 첼시 Chelsea에서 그리니치빌리지의 숍까지 도보로 통근해요. 매일 같은 길에서 항상 마주치는 이들에게 인사를 하곤 하죠. 그리니치빌리지가 길이 좋은 주거 중심의 동네라서 가능한 일입니다. 사소한 일상의 순간에 저 역시 동네에 형성된 지역사회 커뮤니티에 속한다는 느낌을 강하게 받아요. 그동안 수많은 재능 있는 뮤지션들이 동네를 오가는 장면을 지켜봐왔다는 사실도 제게 큰 의미가 있고요."

보헤미안 정신을 이어가는 전설적인 재즈 클럽

ADDRESS 183 W 10th St, New York
INSTAGRAM @smallslive
FOUNDED 1994년
PRODUCTS 재즈 공연장

Smalls Jazz Club

스몰즈 재즈 클럽

그리니치빌리지의 명물인 재즈 클럽 '스몰즈'의 작은 현관문을 통과한 후 오래된 카펫이 깔린 계단을 통해 반지하로 들어서면 또 다른 시공간이 열린다. 금주법 시대에는 스피크이지 Speakeasy 바로 운영하기도 했던 이 작고 허름한 공연장에서 전 세계 유명 재즈 뮤지션들이 1994년부터 무대에 올라 라이브 연주를 했다. "유명세와 경력과는 상관없이 실력만 출중하다면 공연할 수 있고, 관객들이 함께 좋은 시간을 보내는 것이 재즈 클럽의 문을 연 때부터 지금까지 고수하는 가치입니다. 현재는 두 가지 방식으로 운영합니다. 오픈부터 밤 10시 반까지는 예약 좌석제로 뱅가드 빌리지 Vanguard Village나 블루 노트 Blue Note 등에서 공연하는 유명 시니어 아티스트들을 초대하고, 그 후부터 클로징까지는 신인 뮤지션이 선배 뮤지션들과 즉석 합주를 하는 등 손님들도 자유롭게 맥주를 마시며 음악을 즐길 수 있는 '오리지널' 스몰즈의 분위기를 만들어갑니다." 스파이크 월너 Spike Wilner는 2007년 이곳을 인수해 스몰즈의 시즌 2를 이끌어가고 있는 오너다. 과거 젊은 재즈 피아니스트였던 그는 초창기 오너인 미셸 보든 Mitchell Borden이 이끄는 스몰즈에서 연주를 시작하며, 30여 년의 세월 동안 스몰즈의 굴곡진 역사를 가까이에서 봐온 인물이기도 하다. 마흔 살까지 보헤미안으로 살아온 탓에 숍 경영에 관심조차 없었지만 그리니치빌리지 문화의 정수를 이어가는 작고 오래된 재즈 클럽에는 진심이었다. 스몰즈의 무대에는 뉴욕 재즈 커뮤니티에서 인정받은 사람들만 올라갈 수 있게 했으며 라이브 테스트를 통과하지 못하는 젊은 연주자들은 단칼에 돌려보냈다.

재즈 클럽에 대한 애정으로 아카이브의 초석을 마련하기 위해 2007년부터 공연 실황을 유튜브 라이브를 통해 생중계하기 시작했다. 2017년에는 스몰스에서 한 블록 거리에 클라리넷 연주자의 이름을 딴 피아노와 베이스 연주가 흘러나오는 재즈 바 '메즈로 Mezzrow'를 열고 밤마다 재즈 선율이 흐르는 이 동네에 있을 법한 꿈의 공간을 구현하기도 했다. 하지만 2년 전 팬데믹으로 꼼짝없이 두 가게 문을 닫을 수 밖에 없는 큰 난관에 부딪혔다. "2년간 수입이 없으니 막막했죠. 2018년에 꾸린 비영리재단 '스몰즈 라이브 파운데이션 Smalls Live Foundation'에 기부를 요청했고, 엄청난 일이 일어났습니다." 동네의 단골은 물론, 전 세계의 스몰즈 재즈 클럽 팬들이 망설임 없이 보낸

쌈짓돈이 모여 10만 달러를 넘긴 것이다. 그는 가게 유지에 필요한 비용을 해결하고 남는 돈으로 밴드는 물론 스몰즈와 전 세계 팬들 모두 상생할 묘안을 냈다. '살아 있는 전설'로 불리는 60세 이상 재즈 뮤지션들에게 현금 1만 달러를 지급하고 음반까지 제작한 것이다. 재오픈하기 전까지는 매일 밤 밴드 한 팀의 연주를 라이브 방송으로 송출했다. "가끔 여기서 피아노를 치고 있으면 뭔가가 획하고 지나가는 게 느껴져요. 아마 금주법 시대의 주정뱅이거나 재즈 뮤지션의 영혼이겠죠. 그럴 때마다 생각합니다. 미래에 우리는 다 사라지고 없을 텐데, 현재를 성실히 녹음(recording)하고 아카이브 하는 일만큼 미래를 위한 선물도 없겠다고요. 돈은 하루 벌어 하루 먹고살 만큼이면 충분합니다. 남는 돈으로는 뮤지션들과 동네 커뮤니티를 위해 좋은 일을 하고요." 그의 말을 증명이라도 하듯 매일밤 스몰즈와 그리니치빌리지의 역사는 스몰즈의 웹사이트에 생생하게 기록되고 있다.

"그리니치빌리지가 유명한 이유는 오래된 문화 덕분입니다. 노동자 계층과 보헤미안이라 불리는, 예술적 자유를 위해 가난을 자발적으로 선택한 재능 넘치는 아티스트로 가득했죠. 커피 한잔을 두고 6시간 동안 카페에 앉아 동네 사람들과 이야기를 나누고, 그림 그리고, 글 쓰고, 즉흥적으로 연주하던, 가난하지만 조금은 위험했던 예술적 영혼들로 충만하던 때 말입니다. 예전과 달리 많이 변했지만 여전히 동네 사람들과 좋은 관계를 맺고 있어요. 특히 스몰즈의 작은 규모 때문에 관객을 돌려 보내야 할 땐 웨스트 10번가에 있는 작은 레스토랑과 바를 소개하기도 하죠. 근처 재즈 클럽의 오너인 버드랜드 Birdland의 조니, 스모크 Smoke의 폴과도 언제든 서로 돕는 좋은 관계를 맺고 있습니다."

주민들에게 친근하게 다가가는 이탤리언 레스토랑

ADDRESS 3 Greenwich Ave, New York
INSTAGRAM @olioepiu
FOUNDED 2010년
PRODUCTS 이탤리언 레스토랑

SHOP

Olio e Più

올리오 에 피우

"레스토랑과 처음 마주친 날을 기억해요. 시선을 끄는 초록색 간판과 싱그러운 식물들, 그리고 여유롭게 식사를 즐기는 사람들. 마치 마법 같은 풍경이었어요. 제가 일할 곳이라는 직감이 왔죠." 그리니치 애비뉴와 6번가, 웨스트 8번가가 교차하는 삼거리의 랜드마크인 이탤리언 레스토랑 '올리오 에 피우'의 매니저 알렉산드루 제라 Alexandru Gerea는 벌써 이곳에서 세 번째 해를 맞이했다. 전에도 여러 레스토랑에서 일한 경험이 있었지만 그가 몸담은 레스토랑에 대한 애정이 남다르다. 올리오 에 피우는 'olive and more'란 뜻으로 이탈리아 남서부의 캄파냐 지역에서 영감을 받은 지중해식 음식을 주로 선보인다. 레스토랑 개발 및 컨설팅 회사 '더 그룹 NYC The Group NYC'의 오너 에밀 스테프코브 Emil Stefkov가 그리니치빌리지 지역에 대한 애정으로 2010년에 문을 열었다. 과거 유명한 이탤리언 레스토랑 마켓 '발두치 Balduchi'가 있던 지금의 자리에 이탤리언 레스토랑을 오픈하는 일은 동네의 오랜 역사를 이어가는 의미로서 매우 자연스러운 결정이었다.

수많은 이탤리언 레스토랑이 밀집해 '리틀 이탈리아 little Italy'의 확장판이라 불리는 그리니치빌리지에서 올리오 에 피우는 늘 만석이다. 연중무휴 문을 여는 이곳은 하루 1000명의 고객이 들르기도 한다. 하지만 제라는 가게를 자주 찾는 단골 손님의 얼굴을 또렷하게 기억한다. "자주 오는 노부부가 있어요. 평소에는 두 분이 오붓하게 식사하러 오는데 방학 기간이 되면 마이애미에서 온 손자들과 함께 방문하곤 하죠. 마치 제 가족인 듯 반가워요." 오래된 빈티지 의자와 원목 테이블이 주는 따뜻함과 한낮의 눈부신 채광, 밤의 야외 테라스 좌석에서 느껴지는 아늑한 분위기는 이곳의 자랑이다. 근처 로컬 장터와 이탈리아에서 수입한 신선한 재료만 고집해 선보이는 음식 역시 사람들의 발길을 끊이지 않게 하는 이유다. 리코타 치즈를 올리고 화덕에서 바로 구워낸 노스트라나 Nostrana 피자, 신선한 노른자와 프로슈토 햄이 어우러진 카르보나라 파스타는 모두에게 꾸준히 사랑받는 메뉴다. 하지만 올리오 에 피우 역시 팬데믹의 여파를 피해 가지는 못했다. 다행스럽게도 그리니치빌리지 주민이 대부분인 단골들이 온라인 주문과 포장으로 꾸준히 가게를 찾았다. "어느 날 주문이 들어왔는데 확인해보니 이웃에 사는 단골손님이었어요. 루마니아에 계신 제 할머니를 떠올리게 하는 분이었죠. 안부를 여쭐 겸 직접 걸어서 배달을 갔어요." 제라와 이곳 직원들 모두 진심 어린 태도로 손님을 응대하기 때문에 지역 주민을 비롯한 오래된 단골과의 관계가 매우 돈독하다. 경쟁이 치열한 뉴욕의 레스토랑 신에서 만점에 가까운 리뷰를 받는 것은 자연스러운 결과다. 제라는 오늘도 인파로 가득 찬 매장을 정신없이 종횡무진한다. "퀸즈에 사는 제가 그리니치빌리지의 분위기와 레스토랑에 반해 운명과 같이 이곳의 매니저로 일하게 된 것처럼, 동네에 우연히 오게 된 사람들에게도 이 동네를 다시 찾고 싶을 정도로 멋진 기억과 경험을 선사하고 싶어요."

"레스토랑이 자리한 지 10년이 넘다 보니 이웃 가게와는 둘도 없는 사이가 됐어요. 테이블에 올려둔 아름다운 생화는 바로 옆 꽃집에서 매일 가져오는 거예요. 식재료가 떨어졌을 때는 다른 레스토랑에서 급히 빌리기도 해요. 옆집이 잠깐 자리를 비워야 할 때는 잠시 빈 가게를 봐주기도 합니다. 동네 주민들도 매우 친절해요. 제가 그리니치빌리지를 사랑하는 이유겠죠."

IFC CENTER

IFC 센터 - 독립 영화 커뮤니티의
성지가 된 아트하우스 극장

ADDRESS 323 6th Ave, New York
INSTAGRAM @ifccenter
FOUNDED 2005년
PRODUCTS 독립 영화관

IFC(Independent Film Channel) 센터에는
동네 주민들뿐만 아니라 뉴욕 시민들도 다양
한 독립 영화를 보기 위해 일부러 이곳을 찾는
다. 19세기에 지은 네덜란드 교회 건물을 개조
해 오픈한 이후 20여 년 동안 전 세계의 다양한
독립 영화를 상영하는 것은 물론, 영화 <1984>
같은 진귀한 클래식 작품을 소개하고 있다. 이
외에도 <보이후드 Boyhood>, <프란시스 하
Frances Ha>를 직접 제작하고, 감독과의 대화
나 LGBTQ 영화 프로그램 등 신선한 자체 기획
프로그램을 진행해 뉴욕의 대표 독립 예술 영화
관으로 손꼽힌다. 영화관 입구 근처의 매점에서
오가닉 버터로 구운 팝콘을 사 들고 영화를 본
후, 기념 티셔츠, 토트백 컬렉션을 둘러보는 일
도 또 하나의 재미다.

MURRAY'S CHEESE

머리스 치즈 - 80년의 세월이 축적된
치즈가 있는 유서 깊은 가게

ADDRESS 254 Bleecker Street New York
INSTAGRAM @murrayscheese
FOUNDED 1940년
PRODUCTS 치즈, 샤퀴테리 등 식료품

블리커 스트리트에 자리한 가게는 그리니치 빌
리지의 역사와 세월을 함께한 노포 중의 노포
다. 머리 그린버그 Murray Greenberg가 1940
년에 코닐리아 스트리트에 문을 연 작은 식료
품점으로 시작해 여러 번의 인수와 이전을 거
쳐, 현재 위치로 이전했다. "우리는 치즈를 안
다(We know cheese)"는 간판의 슬로건처럼
치즈 생산과 개발부터 리테일, 레스토랑, 온라
인 클래스 등 관련한 다양한 비지니스를 펼친
다. 작은 매장 안 쇼케이스에 진열된 수백 가지
가 넘는 치즈, 한편에는 햄과 샤퀴테리, 수제 잼,
샐러드 재료로 가득한 진열대가 펼쳐진다. 편한
옷차림의 주민부터 관광객이 한데 어우러져 치
즈와 햄 등 각종 먹을거리를 두 손 가득 든 모습
을 볼 수 있다.

Reddymade Architecture & Design

레디메이드 아키텍처 & 디자인

느낌에 온전히 집중하는 업무 공간

LOCATION 80 West 3rd street, New York
TYPE 스튜디오
SIZE 140m²
FLOOR PLAN 오픈형 작업실, 대표실, 화장실 1, 오픈형 주방, 회의실

수치 레디 Suchi Reddy가 이끄는 건축 스튜디오 레디메이드 아키텍처 &
디자인의 오피스는 뉴욕 주립 대학교와 상점가가 마주하는 분주한 웨스트
3번가에 위치한다. 2층 술집이던 이곳은 벽 하나 없이 전깃줄만 늘어져 있는
횅한 공간이었다. "그리니치빌리지는 회사나 건축 스튜디오가 선호하는 곳은
아닙니다. 완전히 직관적으로 내린 선택이었죠. 주변 분위기가 매우 활기차서
사무 공간은 반대로 좀 더 고요하고 차분하게 조성할 필요가 있었습니다."
스튜디오 안으로 들어서면 바깥 소음이 잦아들며 바로 마주하는 따뜻한 톤의
흰색 입구와 복도가 마음을 가라앉히는 감압 공간 역할을 한다. 오픈 스페이스
형태의 작업실 뒤편으로 검은색 큐빅 그래픽이 자연스럽게 집중을 유도하고,
이는 공간의 전체 무게를 잡아주는 닻 역할을 한다. 마치 크로키 드로잉처럼
심플한 흑백 톤 공간 곳곳에는 직물, 거울, 종이 등 다채로운 텍스처의 소재를
사용해 단조로움을 피했다. 집에 온 듯한 편안함마저 느껴지는 사무 공간처럼,
수치 레디가 선보이는 건축과 조형 작품 역시 전하고자 하는 '느낌(feeling)'을
기반으로 구현해낸다. 워싱턴 D.C.에 위치한 스미스소니언 Smithsonian
미술관에 전시된 머신 러닝 작품 '미+유 Me+You'와 뉴욕 첼시에 위치한
구글의 첫 리테일 스토어도 철저히 '형태는 느낌을 따른다(Form Follows
Feeling)'는 그의 철학을 반영한 결과물이다. 건축과 인테리어 디자인, 조형
작업이 이뤄지는 레디메이드의 직원 17명은 이곳에서 자유롭게 아이디어를
더해나간다. "건축가가 진실된(authentic) 반응을 얻는 유일한 방법은
결과물을 실제로 구현해내는 일뿐입니다. 우리는 항상 독특하며 혁신적으로
일하려고 노력해요. 바로 옆 워싱턴 스퀘어 파크에서 벌어지는 순수 예술적인
활동과 그 다양성의 스펙트럼이 많은 영감을 주죠."

"사무실 주변에 카페가 많아 다양한 스타일의
커피를 경험할 수 있다는 점이 의외의 장점이에요.
인도 남부 출신인 저는 세 살 때부터 커피를 마셨을
정도로 커피를 정말 좋아하거든요. 제게 커피는 작업
구상에 필수 요소입니다. 또 다른 즐거움은 아래층에
어둡고 비좁은 재즈 클럽 '징크 Zinc'가 야외
테라스석을 만들었고, 덕분에 재즈 선율이 흐르는
아름다운 곳에서 음료를 마실 수 있게 되었다는
점이죠. 이 동네와 점점 사랑에 빠지고 있어요."

"동네에서 가장 좋아하는 장소는 당연히 워싱턴
스퀘어 파크입니다. 공원 자체도 좋지만 모이는
사람들을 보는 게 좋아요. 소우주 같기도 하죠.
뮤지션부터 학생, 태극권 동호회 회원 등 정말
다양한 사람들을 볼 수 있는 실로 자기표현의
공간입니다. 사람들이 자기표현을 하는 모습은
새롭고 다양한 시도를 할 수 있도록 용기를 줘요."

"프랑스 스타일 커피와 훌륭한 베이커리를 즐길 수
있는 밀푀유 베이커리 Mille-Feuille Bakery에 매일
들러요. 그리니치빌리지 건축가 커뮤니티의 비공식
회합 장소이기도 하죠. 센터 포 아키텍처 Center for
Architecture라는 문화 공간은 전시나 대담 행사를
진행해 동네 건축가들이 교류하는 장이 됩니다."

"작업에서 철저히 고려하는 것은 사람들의
느낌입니다. 건축을 통해 분위기를 창조하면
사람들이 특정 장소에서 전달하고자 하는 느낌을
알게 되기를 바라요 . 뇌과학에서는 특정 감정을
느끼면 화학물질이 몸으로 퍼져 육체와 정신 모두에
영향을 준다고 해요. 제 작업은 사람들이 휴식을
취하도록 돕는 거대한 도구와도 같죠."

"길을 걸으며 경험하는 것들이 도시를 정의한다고
생각합니다. 거리에 핀 꽃을 보는 것처럼 계절마다
자연의 변화를 느끼는 일은 중요하다고 생각해요.
생명을 불어넣는 레스토랑, 상점, 문화 기관도
적절히 섞여 있어야 하죠. 그런 의미에서 이곳은
좋은 동네의 기준을 모두 충족해요."

181

그리니치빌리지는 공존의 미학이 빛나는 동네다. 웨스트 4번가 지하철 역의
동쪽 출입구로 나오면 아마추어 농구 팀을 위한 공공 운동장 '웨스트 4번가
코트 West 4th Street Court'에서 한 팀을 이뤄 농구 경기에 한창인 다양한
인종의 청년들을 볼 수 있다. 웨스트 3번가로 돌아 나와 블루노트 재즈 클럽을
지나자 소규모 공연장이 자리를 잡고 있는 맥두걸 스트리트 McDougal Street
가 펼쳐진다. 북쪽으로는 그리니치빌리지의 심장 '워싱턴 스퀘어 파크'와
거대한 대리석 건축물 '워싱턴 스퀘어 아치 Washington Square Arch'가 바로
시야에 들어온다. 공원 벤치에 앉아 책을 읽거나 꽃을 바라보며 한낮의 여유를
만끽하는 주민들과 이곳을 무대로 삼는 댄서, 재즈 뮤지션 등이 서로의 영역을
침범하지 않고도 함께 시간을 보낸다. 근처 '에드워드 호퍼 스튜디오 Edward
Hopper Studio'는 창문 너머로 이 공원을 스케치하던 화가의 방을 그대로
고증해 재현해두었다. 동네의 골목길을 걷기만 해도 19세기와 20세기가
하나의 시공간에 공존하는 듯한 기이한 경험을 할 수 있는데, 특히 과거 두 곳의
마구간이 마주 보는 조용한 거리였던 워싱턴 뮤즈 Washington Mews에는 19
세기에 지어진 마구간 건물이 그대로 보존되어 있다. 잭 케루악 Jack Kerouac
등 비트 세대 작가들의 아파트였던 몰턴 호텔 The Malton Hotel과 독립
전쟁 기념지인 '셰리든 스퀘어 Sheridan Square'도 가까이에 있다. 무지개색
깃발이 휘날리는 스톤월 항쟁의 성지 '스톤월 인 Stonewall Inn'에 다다르면
오래전부터 뿌리내린 다양성의 가치를 기념하고 전승하는 정신과 분위기가
그리니치빌리지를 한층 더 매력 있는 동네로 만든 것임을 느낄 수 있다.

GREENWICH VILLAGE

SPIKE WILNER

"재즈 클럽에서 매일 반복되는 일상을 촬영한 사진이에요.
가게 문을 열기 전부터 클럽 앞에 스몰즈를 찾은 사람들이 일렬로
줄을 길게 서 있는 광경을 볼 수 있어요."

STEPHEN SAUNDERS

"특히 봄에는 길가의 꽃을 구경하는 재미가 있습니다. 사진 속 꽃은
최근 본 꽃 중 가장 아름다웠어요. 그리니치 빌리지의 주민들은
집 주변이나 문 앞에 꽃을 정말 많이 심어두는데, 맨해튼의 여타
동네에서 보기 힘든 진귀한 풍경이죠."

DONNA FLORIO

"이 사진의 건물은 그리니치빌리지의 전형적인 공동주택으로
아기자기한 장식 요소를 볼 수 있죠. 1890년대에 가난한 이민자를
위해 지은 건물인데, 예나 지금이나 같은 모습을 하고 있어요.
지금은 세상을 떠난 친구가 살아서 종종 방문했죠. 흑인 친구였는데
동네에서의 편안한 삶이 자신에게는 중요하다고 말하곤 했어요."

ERIC MYERS

"눈이 온 다음 날 워싱턴 스퀘어 파크 나무에 쌓인 눈이 매우
아름다워서 찍었어요. 눈도 왔고 이른 시간이라 공원에 사람이 별로
없었죠. 푸른 하늘도 아름다웠고요. 겨울에 눈보다는 주로 비가
내리는데, 이날은 모처럼 눈이 내린 날이었죠."

ALEXANDRU GEREA

"친구네 집이 있어서 더 친근한 크리스토퍼 스트리트 Christopher Street입니다. 레스토랑 바로 옆이기도 하고 한적한 분위기로 제가 좋아하는 길입니다."

SUCHI REDDY

"봄이 되니 워싱턴 스퀘어 파크의 풍경을 담게 되네요. 팬데믹 이후 자연에 애착을 갖는 '도시의 뒤바뀐 삶(reverse life of the city)'을 경험하고 있는 것 같아요."

JIM DROUGAS

"사진의 장소는 미네타 스트리트 Minetta Street입니다. 빌리지의 매우 아늑하고 작은 구역으로 매우 조용하고 자동차도 다니지 않아요. 근처에 살던 사촌이 저를 공연에 데려가곤 했죠. 자주 이 거리를 오간 기억으로 맥두걸 스트리트나 블리커 스트리트보다 집처럼 편하게 느껴지는 거리입니다."

HAMPSTEAD,

LONDON

북부 런던의 햄스테드는 런던에서 가장 아름다운 동네로 손꼽히는 곳이다.
언덕이 많은 고지대로 광활한 녹지인 햄스테드 히스 Hampstead Heath
와 인접해 동네를 걷다 보면 자연스럽게 숲으로 진입하게 된다. 특유의 작은
마을 감성은 햄스테드를 특별하게 만드는 지점이다. 과거 다양한 이민자와
아티스트, 사상가가 모여 창의적이고 개방적인 커뮤니티를 형성했는데,
지금도 동네 여기저기에 그들의 흔적이 고스란히 남아 있다. 인근의 캠던타운
Camden Town이 펑크를 비롯한 다양한 뮤지션의 허브로 주목받았다면
햄스테드에는 문학과 순수예술, 심리학의 대가들이 족적을 남겼다. 현재의
단정한 모습을 보면 상상하기 어렵지만, 젠트리피케이션의 대표적 예로
거론되는 이스트런던의 쇼어디치 Shoreditch나 해크니 Hackney보다 훨씬
먼저 격변을 경험한 동네다. 1970년대를 기점으로 자본과 부유층이 유입되기
시작해 현재는 런던에서 지대가 가장 높은 동네 중 하나가 됐다. 잘 관리된
주택과 집주인의 개성이 드러나는 아름다운 정원, 경사진 골목길이 이루는
동네의 미관은 유러피언 마을의 전형을 보여준다. 전통적 부촌인 첼시
Chelsea나 사우스켄싱턴 South Kensington보다 백만장자의 비율이 높지만,
동네 분위기는 훨씬 소박하고 여유롭다. 고가의 주택들 외에도 과거 영국
정부가 저소득층을 위한 주거지로 공급한 카운슬 주택(council flat)이 여럿
존재하는데, 인더스트리얼 무드의 딱딱한 외관으로 인근 다른 집들과 대비를
이뤄 거주민 간의 계층이 나눠지는 것과 달리 햄스테드의 카운슬 주택은
동네에 위화감 없이 녹아든다. 이는 다양성의 존중과 자유로운 사고에 기반한
과거의 커뮤니티 정신이 지금도 이어지고 있음을 느끼게 하는 대목이다.

"햄스테드는 형용하기 어려울 정도로 멋진 언덕의 풍경과 시샘을 불러일으킬 만큼
아름다운 녹지로 잘 알려져 있다."

타임아웃 Time Out

"지크문트 프로이트 Sigmund Freud, 마이클 풋 Michael Foot,
스티븐 프라이 Stephen Fry의 고향인 햄스테드는 오랫동안 지적 자유주의의 대명사였다."

가디언 The Guardian

"누군가는 햄스테드에 산다는 것은 당신이 런던 생활의
정점에 도달했다는 의미라고 말하기도 한다."

에센셜 리빙 Essential Living

"햄스테드는 돈이 많은 자유주의 지식인들의 요새였고, 우아하지만 고루하지는 않았다."

뉴욕 매거진 New York Magazine

에디터 알렉스 서 | 포토그래퍼 밍 탕-에반스

TALK

BERNARDO STELLA   레스토랑 창립자
베르나르도 스텔라

ANTONIA MOORE   포토그래퍼
안토니아 무어

JIMMY MCGRATH   펍 오너
지미 맥그래스

펍 오너 지미 맥그래스, 레스토랑 창립자 베르나르도 스텔라, 포토그래퍼 안토니아 무어는 30년 넘게 햄스테드에 터를 잡은 토박이들이다. 오랜 시간 이곳의 변화를 지켜본 이들은 시간이 흐르며 동네의 외향과 구성원은 바뀌어도 햄스테드의 정체성을 유지하는 건 다양성에 대한 존중과 주민들의 단단한 커뮤니티라 말한다.

(왼쪽 부터) 베르나르도 스텔라, 안토니아 무어, 지미 맥그래스

바쁜 일정에도 한자리에 모여주셔서 감사합니다. 대화에 앞서 간단한 자기소개를
부탁드려요.

베르나르도 스텔라(이하 베르나르도): 1962년 햄스테드에 자리를 잡고 지금 저희가 모인 이탈리언 레스토랑 '라 가페 La Gaffe'를 시작했습니다. 원래는 북부 런던 최초의 프렌치 비스트로였어요. 가페 gaffe는 프랑스어로 '실수'라는 의미인데, 이탈리아 출신인 제가 프렌치 레스토랑을 운영한다고 누군가 한 농담에서 영감을 받았습니다. 훗날 이탈리언 레스토랑으로 전환했지만 이름은 그대로 유지하고 있습니다. 올해 오픈 60주년이 되는, 햄스테드에서 가장 오래된 레스토랑이에요.

지미 맥그래스(이하 지미): 저도 베르나르도와 같은 시기에 햄스테드로 이사했습니다. 2017년부터 햄스테드의 로컬 펍 '킹 윌리엄 IV King William IV'를 인수해 운영하고 있고요. 햄스테드 번화가에 남은 유일한 펍이죠.

안토니아 무어(이하 안토니아): 프리랜스 포토그래퍼로 활동하고 있습니다. 소싯적엔 모델로도 활동했고요. 코로나19로 인한 록다운 이후에는 일이 줄어 병원 식당에서 요리를 하고 있습니다. 햄스테드에서 1980년대 무렵부터 살고 있어요.

어떤 계기로 햄스테드로 이사 오게 되었나요?

지미: 햄스테드 히스에 가봤을 거라 생각합니다. 런던의 어떤 녹지보다 특별한 곳이죠. 단순히 공원이라고 부르기에도 민망할 정도로 거대한 자연이 지근거리에 존재하는 점이 큰 매력이었어요.

베르나르도: 시골에 사는 것과 같은 운치를 주는 곳입니다. 햄스테드만의 마을 느낌도 무척 정겹게 다가왔고요.

안토니아: 자유분방하고 예술적인 분위기에 이끌렸어요. 경관도 무척 아름다웠고 제가 이사올 당시에는 지금처럼 집값이 비싸지 않았던 터라 감당할 수 있는 금액이었지만, 지금 다시 이사 오라면 가능할지 모르겠네요.(웃음)

여러분이 기억하는 예전의 햄스테드는 어떤 분위기를 지니고 있었나요?

베르나르도: 1960년대와 1970년대의 햄스테드를 가장 잘 설명하는 단어는 '보헤미안'일 겁니다. 관습에 구애받지 않고 자유분방한 삶을 지향하는 예술가, 문학가, 지식인이 모여 살았죠. 시간이 지나면서 우아한 상류층이 늘어났고 고유의 개성을 다소 잃었지만 여전히 아름다운 곳이에요.

지미: 저에게도 화가, 작가, 시인이 많았던 예전의 모습이 아직도 생생합니다. 작은 마을 같

은 곳이라 가십거리도 많았죠. 가십거리가 없으면 저희가 만들어냈고요.(웃음)

베르나르도: 예전엔 하룻밤에 여러 곳의 펍을 순회하는 '펍 크롤 pub crawl' 문화도 많았는데 요새는 완전히 사라졌어요.

지미: 펍이 없어진 탓도 커요. 예전 햄스테드의 번화가를 따라 자리하던 다섯 곳의 펍 중 저희 펍만 남고 다 사라졌거든요. 아직도 그 건물에는 당시의 간판과 펍의 흔적이 남아 있지만요. 햄스테드는 제가 살기 전부터 자유분방한 곳이었습니다. 제가 인수하기 전 킹 윌리엄 IV는 게이 바였어요. 1930년대부터 동성애자들이 즐겨 찾는 동네였다고 하니 얼마나 자유롭고 다양성을 존중했는지 짐작할 수 있죠.

인상적인 이야기네요. 영국에서 동성애가 합법화된 건 한참 뒤인 1960년대의 일이니까요.

지미: 보헤미안 감성이 그런 동네 분위기에 큰 영향을 미쳤을 거예요. 예술가들은 자신의 예술 말고는 관심이 없으니까요.(웃음)

베르나르도:이민자의 국적으로 사람을 차별할 수 없듯 성 정체성도 존중받아야 하는 부분입니다. 예전의 킹 윌리엄 IV는 '퀸 윌리엄'이라는 별명으로 불리기도 했어요. 저도 자연스레 동네의 게이 이웃들과 알고 지냈고요.

안토니아: 계층과 직업이 다양한 사람들이 어울리던 커뮤니티다 보니 다름에 대해 보다 관용적인 자세를 취하게 된 건 당연한 일이었을 거예요. 지금도 복장이나 언행이 별난 사람이 많은데, 모두 격의 없이 지내죠. 햄스테드에 산다는 것만으로도 묘한 소속감을 느껴요.

이곳에 본격적으로 자본이 유입되기 시작한 것은 언제라고 보나요?

지미: 1970년대라고 생각합니다. 1980년대를 거치며 속도가 붙은 것 같고요.

젠트리피케이션을 거치면서 앞서 언급한 보헤미안적 감성이 사라졌을까요?

지미: 예전에 비하면 확연이 차이가 난다고 말할 수 있습니다. 아무래도 자본이 밀려들어 오고 지역이 상업화되면 예술적 기질을 지닌 가난하고 자유로운 영혼이 머물기 힘들어지니까요. 동네는 더 말끔해졌지만 좋은 의미의 광기(madness)는 사라졌다고 봐요.

베르나르도: 보헤미안의 분위기가 정점에 달했던 때와 비교하면 지금은 말 그대로 증발했다고도 표현하고 싶어요.(웃음)

안토니아: 확실히 틀과 잣대에 얽매이지 않는 자유로운 분위기는 많이 희석된 것 같습니다. 은행가와 부동산업자가 들어오며 자본주의적 성향이 강해졌고요. 그러나 과거 주류를 이루던 사람들이 사라졌다고 하지만 고유의 캐릭터는 여전히 남아 있다고 생각해요. 재미있

는 사람도 많고요.

지미: 펍 오너라 하는 말은 아니지만, 펍은 전통적으로 영국 마을의 중추적 요소를 차지해왔습니다. 좋은 동네에는 늘 좋은 로컬 펍이 존재했죠. 햄스테드 번화가에 있던 펍이 대부분 사라진 건 동네의 분위기가 변했음을 보여주는 지표가 될 수 있습니다. 임대료가 오른 탓도 있지만 주류가 된 부유층이 로컬 펍을 그다지 지원하지 않는 것도 이유 중 하나예요.

현재의 햄스테드에서 살아가는 사람들의 성향은 어떤가요?

지미: 저희 펍에서는 한 달에 한 번 자선기금을 모으는 행사를 진행합니다. 알츠하이머나 암 등 난치병을 연구하기 위한 기금이나 불우 아동을 돕는 등 매번 주제가 달라요. 오히려 부유층이 아닌 카운슬 주택 거주자 등 평범한 주민들의 참여도가 높다는 점은 이곳 사람들의 따뜻한 성품을 보여준다고 생각해요.

베르나르도: 이곳에 사는 사람들은 나이가 들면 햄스테드의 집을 매각하고 교외로 옮기는 경향이 있는 것 같아요. 그런데 한번 떠나면 돌아오기가 쉽지 않죠. 집값이 오르니까요. 햄스테드 사람들은 고유의 취향을 지니고 있어요. 다른 지역에서 인기 있는 대형 체인이라고 모두 성공하는 것이 아니라는 점이 재미있죠. 예전 한 대형 스테이크 브랜드의 레스토랑을 운영하던 사람은 매주 수천 파운드씩 적자를 본다고 호소했어요. 이내 문을 닫았고요.

안토니아: 전에는 맥도날드와 스타벅스 매장도 잠시 들어왔는데 결국 사라졌어요. 패스트푸드나 스타벅스 같은 브랜드가 뿌리내리지 못한다는 점은 이 동네 사람들의 취향을 잘 말해줘요.

세 분 모두 토박이다 보니 예전의 바이브를 누구보다 생생히 기억하는 것 같아요. 그것이 희미해져서 아쉬워하는 마음이 느껴지고요. 소속감을 크게 느낀다는 증거겠죠.

안토니아: 과거의 햄스테드를 지켜본 주민으로서 물론 변화가 아쉬울 때가 있어요. 하지만 여전히 햄스테드를 사랑합니다. 지대가 천정부지로 오른 지금도 근엄함보다 다정함과 위트, 창의적인 에너지가 흐르거든요. 금요일 저녁에 지미의 펍에 가면 밴드가 연주하는 라이브 음악과 그와 함께 흥겨운 시간을 보내는 로컬들을 볼 수 있어요. 로컬들뿐 아니라 각지에서 온 흥미로운 사람들이 함께 어울려요. 누군가 피아노를 치면 함께 노래를 부르고요. 오늘날 로컬 펍에서 흔히 볼 수 있는 광경은 아닌 것 같아요. 즐거움만이 좋은 동네를 만드는 것은 물론 아니죠. 어린 딸을 키우고 있어 치안도 중요한데 햄스테드는 무척 안전한 곳 중 하나예요. 새로운 사람들이 유입되었지만 여전히 동네 주민의 커뮤니티가 유지되고 있고요. 햄스테드에서 위험한 사건이 일어나는 일은 드물지만 무언가 이상한 낌새를 채거나 문제가 발생할 소지가 있다고 느껴지면 동네 사람들에게 알리는 문화가 있어요. 이웃끼리 알고 지내는

경우가 많기 때문에 수상한 외지인은 쉽게 눈에 띄거든요.

지미: 다른 곳으로 이사 갈 생각은 없어요. 많은 것이 변했어도 여전히 살기 좋은 동네니까요. 제 형제는 미국 샌디에이고, 멕시코와 가까운 임피리얼 비치 Imperial Beach에 살아요. 1년 내내 반팔에 반바지를 입는 곳인데 햄스테드에 사는 저를 부러워하죠. 날씨가 연중 같은 곳이 아니라 사계절이 흘러가며 다양한 모습을 보여주는 햄스테드 히스와 햄스테드의 거리를 보며 살아가는 것이 얼마나 큰 행운인지 아느냐면서요.

각자가 생각하는 좋은 동네는 어떤 곳인가요?

베르나르도: 살아가면서 긍정적인 기분을 느끼게 해주는 곳이 아닐까요. 외롭지 않고 지역민들과의 관계가 돈독한 동네여야 하고요. 저도 이곳에서 비즈니스를 일구며 여러 어려움을 겪었지만 햄스테드를 떠나지 않은 건 좋은 사람들 때문입니다. 나이가 많다 보니 장례식에 자주 참석하는데, 슬픈 일이지만 한편으로는 저에게 대가족이 있다는 의미예요.

안토니아: 별것 아니라고 느껴질 수 있겠지만 매일 아침 이웃을 마주치면 반갑게 아침 인사를 하고 서로의 안부와 일정 등을 묻는 소소한 행복이 있는 곳이요. 시간이 맞으면 근처 카페나 라 가페에 서 차를 마시거나 킹 윌리엄 IV에서 와인을 한잔 기울이고요. 폐쇄적인 동네는 삶을 우울하게 만들죠. 햄스테드에 살면서 길을 걷다 누군가와 인사를 하지 않는 날이 손에 꼽을 것 같아요.

지미: 서로를 돕는 커뮤니티가 있는 동네요. 서로를 돕는다는 것은 말처럼 쉽거나 당연한 일이 아닙니다. 요새 같은 세상에는 더더욱 그렇죠. 동네의 기반 시설이나 경관 등 물리적 요소도 물론 중요하지만 그 속에서 살아가는 사람이 동네를 만들어나가는 주체예요.

개성이 다른 분들이라 햄스테드에서 가장 좋아하는 장소도 다를 것 같네요.

안토니아: 역 근처 청과물 가게 아티초크 Artichoke는 언제나 기분 좋은 숍이에요. 주인이 햄스테드 토박이로 질 좋은 식재료에 대한 열정이 느껴지거든요. 그곳에서 파는 건강 주스를 만드는 루크 맥도널드 Luke McDonald 역시 햄스테드 커뮤니티의 일원으로 아티초크에 가면 항상 반갑게 이야기를 나눠요. 단순히 물건을 사고 나가는 것이 아니라 이웃처럼 정답게 이야기를 나눌 수 있다는 건 지역에 오래 자리한 로컬 숍의 특별한 점 같아요.

베르나르도: 햄스테드 히스의 아름다운 정원 퍼걸러 pergola를 정말 좋아합니다. 여름이든 겨울이든 항상 찾는 곳 중 하나죠. 영화에 나올 법한 그림 같은 공간이에요. 꽃이 흐드러질 때면 모두의 발걸음을 멈추게 하죠. 사실 영화에도 많이 등장했어요.

지미: 플라스크 워크의 앤티크 숍을 좋아해요. 저희 펍에서 햄스테드 히스로 가는 길에 위치한 게이턴 로드 Gayton Road도 아름다운 집이 많아 주요 산책 루트가 되어주죠.

햄스테드를 더 좋은 곳으로 만들기 위한 제안이 있다면요?

베르나르도: 이곳에 존재하는 독립 비즈니스에 대한 지원이 필요합니다. 저도 한때 레스토랑을 접고 공간을 임대할까 생각했어요. 하지만 주위 가게들과 임대료를 맞추려면 너무 비싸 독립 비즈니스가 들어올 수 없겠더라고요. 햄스테드 특유의 비즈니스 생태계를 유지하기 위해선 지역민의 관심이 필요합니다. 예전엔 동네에서 필요한 것을 모두 구할 수 있었지만 지금은 상황이 달라요. 수천 파운드짜리 슈트는 여럿이지만 바늘을 사려면 다른 동네로 가야 한다는 말이 나올 정도니까요.

지미: 임대료가 오르는 동안 여러 독립 비즈니스가 자취를 감추었습니다. 같은 독립 비즈니스 오너로서 햄스테드가 자본력 있는 대형 프랜차이즈에 장악당한 평범한 동네가 되지 않았으면 하는 바람입니다. 지자체 수준의 지원과 비즈니스의 다양성을 위한 고민이 필요하다고 봅니다.

안토니아: 동네를 구성하는 건축물을 유지해 동네의 외관을 지켜야 한다고 생각합니다. 신축 건물이 난립해 고유의 아름다움을 잃는 동네를 많이 봤거든요. '리스티드 빌딩 listed buildings(보존 가치가 있는 건물을 지정해 외관의 변형이나 증축을 제한하는 잉글랜드의 규제)'으로 지정된 곳들은 계속해서 보호받아야 하고요. 불편한 점도 물론 존재합니다. 단열을 위해 오래된 창문을 이중창으로 바꾸려 해도 몇 년이 걸리니까요. 햄스테드에선 오래된 장소도 형태를 유지하며 쓰임이 다른 공간으로 순환하고 있어요. 이곳 라 가페도 18세기엔 양치기의 작은 집이었지만 지금은 동네의 역사와 함께하는 레스토랑으로 생동하고 있으니까요.

Marianne Nix

메리앤 닉스

대자연의 정취가 함께하는 집

LOCATION 발레 오브 히스 Vale of Heath
TYPE 단독주택
SIZE 약 186m^2
FLOOR PLAN 침실 2개, 주방 겸 거실, 작업실 2개, 사무실, 창고, 안뜰 2개, 테라스, 앞뜰 1개, 화장실 3개

메리앤 닉스는 과거 사람들이 남긴 자취와 현재를 살아가는 사람들이
만들어내는 변화를 사유하고 이를 여러 미디어로 풀어내는 아티스트다.
자연에 관련된 주제가 작업의 큰 부분을 차지하는 그녀와 바닷가에서 자라
물가를 그리워하던 남편에게 지금의 집은 많은 곳을 제치고 낙점한 곳이다.
"집을 알아볼 때 자연과 인접한 야외 공간, 채광, 협소하지 않은 방을 중요하게
봤어요. 50여 곳을 둘러봤지만 이 집에 가장 강하게 끌렸죠." 안뜰이 작아
작물을 재배할 공간이 마땅치 않은 점은 아쉽지만 그럼에도 이사 갈 생각은
전혀 없다. 입주 당시 중앙난방 없이 단칸방(bedsit)으로만 이뤄져 있던 집을
개조하고 보수해 하나의 보금자리로 만들어온 애정이 집 안 곳곳에서 묻어난다.
그는 오늘날의 인류가 영위하는 삶이 과거 인류가 남긴 아이디어와 족적 위에
쌓인 것이라는 점에 강한 흥미를 느껴왔고, 그에 대한 성찰을 작업의 주제로
삼아왔다. "과거 햄스테드의 모습과 그 속에서 살아가는 사람들, 그들의 삶과
생각, 시대를 둘러싼 영향에 대한 상상에 빠지곤 합니다. 저 역시 변화의
한 부분을 담아내고 있죠. 저의 예전 작업 속 햄스테드와 지금의 모습도
다르거든요." 닉스가 가장 많은 시간을 보내는 곳은 2층 작업실로 그의 집을
삶의 터전이자 세상과 연결해주는 통로로 만드는 공간이라고 그는 말한다.
"커다란 전면 창으로 자연광이 한껏 들어와 밝고 아늑합니다. 이따금 들리는
이웃들의 노랫소리가 아니면 고요해서 작업에 집중할 수 있어요.(웃음)"

"집에서 가장 좋아하는 모습은 집 뒤편 창밖으로 내려다보이는 풍경이에요. 테라스로 나가면 확 트인 햄스테드 히스와 집에 인접한 연못, 멀리 런던 시내가 펼쳐지죠. 해가 뜨거나 질 때 정말 아름다워요. 겨울이 지나 나무에 잎사귀가 돋으면 그 사이로 쏟아지는 빛이 장관을 연출합니다. 매일 바라보다 보면 시간의 변화도 느껴집니다. 저 멀리 숲 너머로 보이는 도시의 스카이라인이 그렇죠."

"햄스테드 주민들의 활발한 커뮤니티는 이 동네를 특별하게 하는 부분 중 하나예요. 1897년 설립된 더 히스 앤 햄스테드 소사이어티 The Heath & Hampstead Society는 개발업자들에게서 햄스테드 히스를 수호해온 단체로 현재도 왕성한 활동을 벌이고 있습니다. 저희 집이 위치한 길을 중심으로 베일 오브 히스 소사이어티 Vale of Heath Society라는 로컬 커뮤니티도 존재해요. 여름과 겨울에 주민의 집이나 야외에서 각자 가져온 음식으로 파티를 열고 시간을 보내요. 매주 동네 길가에 모여 악기를 연주하며 노래를 부르거나 시 낭송도 하고요."

"어느 날 햄스테드 히스를 걷다 조깅하는 수많은 사람들을 보며 문득 영감이 떠올랐어요. 당시는 GPS 트래킹을 이용해 자신의 조깅 루트를 기록할 수 있는 모바일 앱이 앞다투어 출시될 때였죠. 이웃들에게 각자의 기록을 공유받고 앱이 없는 사람들은 구술을 통해 지도에 위치를 표기한 뒤 컴퓨터로 레이어를 겹쳐 작품을 만들었어요. 겹친 선들을 보고 많은 사람들이 대번에 햄스테드 히스라는 것을 알아채는 것이 신기했죠."

"어린 시절 5년간 네덜란드에서 살았고 1980 년대에는 3년간 도쿄의 에비스와 이케부쿠로에서 산 적이 있어요. 이케부쿠로의 집은 '다다미'와 일본의 난방 기구 '고타쓰'가 있는 일본 전통 가옥이었고, 에비스의 집은 보다 현대적인 아파트였어요. 몇 년 동안 살아보고 계속 있을지 결정하겠다고 생각했기 때문에 훨씬 열린 마음으로 집을 골랐던 것 같아요. 오래, 혹은 평생 살 집을 고를 때와 많이 달랐죠."

"햄스테드가 늘 부자만의 전유물이었던 건 아니에요. 예전엔 아티스트나 노동자도 많아 다양한 사람들이 어우러져 살았죠. 저희 집도 예전에는 빨래하는 아낙들과 가죽업자들이 거주하는 곳이었다고 하더라고요. 놀랍게도 스파이가 많이 사는 동네였다고도 해요. 지금도 동네 여기저기를 걷다 보면 역사에 족적을 남긴 사람들이 살던 장소임을 알리는 파란 사인을 볼 수 있어요."

205

동네의 전통을 간직한 가족 경영 청과물 가게

ADDRESS 30 Heath Street, London
INSTAGRAM @artichikehampstead
FOUNDED 1969년
PRODUCTS 채소, 과일, 아티장 식료품, 꽃, 건강 주스

SHOP

Artichoke

아티초크

아티초크는 퀄리티 높은 청과물에 집중하는 스페셜티 식료품점이다. 현 오너의 아들이자 매니저 찰리 캐머라 Charlie Camera의 증조부가 1881년 이탈리아의 시칠리아에서 런던으로 이주해 시작한 농산물 비즈니스가 전신으로, 1969년 찰리 캐머라의 외할아버지가 햄스테드에 자리를 잡았다. 10여 년 전 현재 이름으로 상호를 바꾸고 리브랜딩을 거쳐 지금까지 영업을 이어오고 있다. 햄스테드에서 50년 넘게 토박이 비즈니스를 이어온 곳은 아티초크와 이탈리언 레스토랑 라 가페, 헝가리안 스타일의 카페 루이스 파티스리 Louis Patisserie 정도다. 5대째 장수하는 비즈니스의 비결은 자신들의 페이스를 고수하는 튼실한 가족 경영 방식이다. "많은 숍 오너들이 비즈니스가 정착하고 나면 한 걸음 물러서고 직원들에게 맡기는 경우가 많지만 저희는 여전히 온 가족이 직접 가게의 모든 영역에 관여하고 있습니다. 아버지가 매일 아침 도매시장을 찾아 최상급 농산물을 사입하고, 누나는 매장 바깥에서 손님의 발걸음을 멈추게 만드는 꽃다발을 만들죠. 어머니는 오너로서 가게의 운영 전반을 담당하시고요." 50년이 넘는 세월 동안 인근의 벨사이즈 파크 Belsize Park 지점 외에 확장을 꾀하지 않은 건 세세한 디테일까지 전부 직접 신경 쓴다는 점과 퀄리티에 대한 고도의 집중 때문이다. "지점을 많이 낸다면 돈은 더 많이 벌지 모르죠. 하지만 지금 같은 가족 경영의 형태를 유지하긴 어렵습니다. 저희의 특별함이 사라지는 거죠. 직원을 신중하게 채용하는 방침도 이곳 커뮤니티에 어필하는 친근함 때문이에요. 저희 가족처럼 지역민과 가까운 관계를 유지할 만한 사람이어야 합니다. 모두 저희와 한 가족 같은 사람들이죠." 다른 청과물 가게와 달리 기존 비즈니스 영역을 넘어 큐레이션을 확장해온 점도 눈길을 끈다. "매장 앞에서 판매하는 꽃, 천연 식재료가 지닌 치유의 힘을 담은 건강 주스는 단순한 식료품점이 아닌 삶의 다양한 가치를 제안하고 오늘날의 소비자와 발맞추는 공간을 만들기 위한 겁니다. 심지어 매장의 음악도 신경 써요."

세계 각지에서 공수한 다양한 청과물 역시 아티초크를 특별하게 만드는 지점이다. 유럽뿐 아니라 동남아, 남미 등 영국인에게 생소한 청과물을 취급하는데, 그 종류가 500여 가지에 달한다. "청과물에는 제철이 중요하기 때문에 모든 제품을 항상 구비할 순 없습니다. 25개의 이국적인 과일 라인을

비롯해 한 번에 대략 250개의 제품을 판매하고 있어요. 사과만 해도 유럽과 아시아의 종을 포함해 10가지 정도 되죠. 매일 자정에 히스로 Heathrow 공항 근처의 인터내셔널 청과물 마켓에서 직접 공수합니다. 참치 등 보존 식품은 일주일에 한 번 스페인 바스크 Basque 지역에서 차편으로 공급받고요." 이와 같은 노력 덕분에 햄스테드 거주민들은 삶을 풍요롭게 만들어주는 장소로 입을 모아 아티초크를 꼽는다. "아버지는 햄스테드에서 차로 10분이 안 걸리는 세인트존스우드 St. John's Wood에 사셨어요. 당시 자유롭고 예술적인 햄스테드의 분위기에 끌려 이곳에 가게를 오픈하셨죠. 예전 햄스테드에 흐르던 분위기는 인근 벨사이즈 파크에서 느껴지기는 합니다. 지점을 그곳에 오픈한 연유이기도 하고요. 현재 햄스테드는 거주민의 연령대가 조금 높아진 편이죠. 지대가 많이 올라 젊은 사람들이 쉽사리 들어올 수 없기 때문일 겁니다. 세계에서 가장 부유한 사람들이 사는 곳이 되었으니까요." 아티초크의 인테리어는 햄스테드가 품은 동네의 역사를 여실히 보여주는 요소다. "많은 곳들이 인위적으로 오래된 느낌을 구현하려 합니다. 하지만 그런 건 금세 티가 나기 마련이죠. 그럴 필요가 없다는 것이 햄스테드의 매력인 것 같아요. 저희 매장의 돌벽이나 나무 바닥 등은 가게가 들어서기 전부터 그곳에 자리했던 것들이에요."

"햄스테드는 1000년의 역사를 간직한 동네입니다. 세인트 존스 교회(St. John's Church)에는 말 그대로 1000년이 된 밀레니엄 스톤 Millenium Stone이 있어요. 언제까지나 동네 특유의 모습과 독립성, 역사적인 진실성, 친근한 에너지를 간직했으면 좋겠습니다. 이 동네에는 아직도 오래된 건물이 가득해요. 새로운 건물이 난립하며 본연의 개성을 잃어가는 런던의 다른 지역들처럼 되지 않았으면 하는 바람입니다."

오래되고 가치 있는 물건을 나누는 편집숍

ADDRESS 36 New End Square, London
INSTAGRAM @livingstonestudiohampstead
FOUNDED 1991년
PRODUCTS 의류, 텍스타일, 도예, 인테리어 소품

SHOP

Livingstone
Studio

리빙스톤 스튜디오

한적한 골목길 한편, 시간을 붙잡아놓은 듯 정적이고 소박한 공간. 대중에게
잘 알려지지 않은 리빙스톤 스튜디오는 햄스테드 지역 본연의 감성을 그대로
간직하고 있는 숍 중 하나다. 차분하지만 강직한 성격의 오너 잉게 코르드젠
Inge Cordsen은 독일 출신의 텍스타일 디자이너로 1964년 디자인 스쿨인
센트럴 세인트 마틴스 유학차 런던으로 이주했다. 당시 햄스테드에서
살아가는 사람들의 다양성과 열린 분위기에 깊이 매료된 그는 이곳을 삶의
터전으로 삼는 데 주저함이 없었다. "전후 1960년대의 햄스테드는 독일계,
유대계 이민자가 많은 지역이었습니다. 지금과 달리 임대료도 무척 저렴했고
대도시답지 않은 특유의 마을(village) 같은 분위기를 풍겼어요. 제가 선호하는
삶의 방식과 맞아떨어지는 동네여서 자연스럽게 이곳에 정착하게 됐습니다.
당시 햄스테드의 번화가에는 카페 루이스 Louis 외에 이렇다 할 카페가 하나도
없었는데 지금과 비교해보면 놀라울 정도로 변했죠." 가게에서 5분 걸어가면
펼쳐지는 광활한 공원인 햄스테드 히스는 코르드젠에게 고향을 연상시키는
소중한 장소다. "제가 자란 북부 독일의 시골에도 연못이 있었어요. 도시에
살면서 이토록 아름다운 자연이 발치에 있다는 것은 축복입니다. 변하지
않았으면 하는 풍경이기도 하고요." 팬데믹 동안 집합 제한이 느슨한 야외에서
모이는 런던 시민의 수가 폭증했고, 자연히 햄스테드 히스도 여름 내내
북적거렸다.

리빙스톤 스튜디오는 18세기 초 지은 대저택 버그 하우스 Burgh House
의 마차 보관소였던 건물이다. 1980년부터 코르드젠의 개인 작업실로
사용하다 1991년 리테일 숍으로 탈바꿈했다. 주위의 많은 것을 바꿔놓은
변화의 물결에도 아랑곳하지 않고 긴 세월 동안 오롯이 앤티크 텍스타일과
수작업 생산을 고집하는 아티스트와 디자이너의 제품만 큐레이팅하는 기조를
견지해왔다. 인도의 라그 스튜디오 Raag Studio, 런던의 이언 배튼 Ian Batten,
이탈리아의 다니엘라 그레지스 Daniela Gregis, 일본의 유르겐 렐 Jurgen Lehl
이 대표적이다. 로에베 Loewe 재단의 크래프트상을 수상한 한국의 도예가
김혜정의 작품을 비롯해 빈티지 글라스웨어 같은 인테리어 소품도 다룬다. 모든
제품은 시간에 구애받지 않는 영속적인 디자인이다. 편집숍이라기보다 빈티지
숍에 가까운 인상을 주는 자연스러운 공간 뒤편엔 텍스타일, 의류 디자이너와

바이올린, 첼로 메이커의 레지던시 공방이 자리한다. 아티스트들이 모여 살던 예전 햄스테드의 축소판 격이다. 젠트리피케이션을 거치며 가난한 예술가들 대신 부유한 자본이 유입된 햄스테드에서 예전의 가치를 지켜내려는 마음으로 기획한 공간이다. 코르드젠은 이제 제품을 만들기보다 숨은 수공예 장인들의 정수를 조용히 선보이는 데 만족한다. 관광객들이 햄스테드로 몰리는 것도 원치 않는다. 20년 넘게 이곳을 운영했지만 미디어 노출을 거부해온 것, 일주일에 이틀만 영업하는 것도 이런 이유에서다. 고고하거나 배타적인 의도가 아니다. "많이 노출될수록 유행이 되고 그로 인해 잃는 것도 생기게 마련인 것 같아요. 지금처럼 느긋한 페이스를 유지하고 싶어요. 천천히 소규모로 만드는 제품들인 만큼 서둘러 판매할 이유도 없고요."

"저에게 좋은 동네는 다양한 사람들이 서로의 차이를 존중하며 살아가는 곳입니다. 프라이버시를 존중하면서요. 런던, 그중에서도 햄스테드를 사랑하는 이유죠. 이곳의 가장 큰 장점은 사람들의 열린 네트워크인 것 같아요. 여행이 잦고 외국 생활을 반복해 친한 친구 그룹이 많지 않던 제게 햄스테드의 커뮤니티는 특별합니다. 수십 년간 많은 사람들이 떠나고 누군가는 새롭게 들어왔지만 여전히 1년에 한 번 이웃들이 모이는 행사가 열려요. 지역 아티스트들이 모여 함께 피크닉도 가고 서로를 알아가는 따뜻한 시간을 보내죠."

이웃들의 연대가 지켜낸 펍

ADDRESS 1 Well Rd, London
INSTAGRAM @oldwhitebearnw3
FOUNDED 2021년
PRODUCTS 맥주, 와인, 스피릿, 칵테일, 펍 클래식 음식

SHOP

The Old White Bear

올드 화이트 베어

햄스테드의 번화가에서 살짝 비껴 있는 언덕길에 자리한 올드 화이트 베어는 1704년에 문을 연 이래 300년이 넘는 세월 동안 같은 자리에서 햄스테드 주민들과 희노애락을 함께한 펍이다. 물론 부침도 있었다. 올드 화이트 베어는 햄스테드의 임대료가 꾸준히 상승한 데다 경영 악화까지 겹쳐 2014년 폐업한 뒤 수년간 방치된 이력이 있다. 한데 이곳을 럭셔리 주거 공간으로 탈바꿈하려는 시도를 막아낸 건 주민들의 연대였다. 동네의 역사를 간직한 공간이 사라지는 것을 안타까워한 몇몇 주민이 시작한 서명운동에 1000여 명이 넘는 지역민이 동참하며 재개발 계획을 백지화했다. 젊은 펍 사업가 샘 모스 Sam Moss가 인수해 2021년 12월 다시 문을 연 뒤로 내부의 모습은 크게 변했지만 동네의 허브 역할은 그대로다. 모스가 보다 나은 상권에 입주하는 대신 이곳을 부활시키기로 마음먹은 이유는 햄스테드 주민의 맥주 사랑 때문이다. "모스는 영국의 많은 펍이 주류의 다변화를 꾀하고 있는 흐름과 반대로 영국 전통 맥주 스타일인 '에일(맥주 통 위쪽에서 효모를 발효시키는 상면 발효 방식으로 만든 맥주)'에 초점을 맞추고자 했어요. 2007년 잉글랜드 북부 리즈 Leeds에 동명의 브루어리를 공동 창립한 것도 그 때문이죠. 전통 에일에 대한 선호도가 높은 햄스테드는 최적의 입지인 겁니다." 총괄 매니저 브래들리 호킨스 Bradley Hawkins의 말이다. 재오픈 이래 다양한 현지인을 만나온 호킨스는 햄스테드의 특성을 '괴짜(eccentric)'라는 단어로 압축한다. "지금은 부촌이 됐지만, 예술가가 모여 살던 과거의 보헤미안 감성이 여전히 남아 있어요. 커다란 선글라스를 끼고 낮 12시부터 레드 와인을 마시며 시를 쓰는 손님을 보면 예전 햄스테드를 중심으로 형성됐던 예술가적 기질과 에너지가 느껴져요. 동네의 분위기는 외지인들에게도 스며드는 것 같아요. 촬영차 동네에 머물렀던 덴마크 출신의 유명 배우도 혼자 와서 조용히 무언가를 보며 시간을 보내고 저희 직원에게 연기 팁을 가르쳐주곤 했어요. 다들 유명인에게 익숙하니 다가가서 사인이나 사진을 청하는 손님도 없고요."

호킨스에게 햄스테드를 상징하는 또 하나의 단어는 '이타적(selfless)'이다. "같은 가치를 공유하는 사람들 사이에 흐르는 공동체적 바이브가 현재도 이어지고 있어요. 소속감이 지역에 깊이 뿌리내린 것처럼요." 맥주잔을 기울이는 나이 많은 손님과 젊은 바텐더의 격의 없는 조합은 어딘가 묘하게

느껴지지만 그 면면을 들여다보면 수긍이 간다. 햄스테드에 거주하는 젊은
세대를 우선 채용하기 때문에 대부분의 손님과 직원이 이웃인 셈이다. 펍을
지켜낸 지역민에 대한 작은 화답이자 공생하는 커뮤니티를 위한 노력으로
읽히는 대목이다. "주중에는 대부분 인근에 거주하는 이웃이나 식사를 하러
온 가족 단위의 손님이 주류를 이룹니다. 햄스테드는 사무실이 많지 않은
거주 지역이거든요. 주말에는 바로 옆에 위치한 공원인 햄스테드 히스를 찾은
각지의 런더너와 관광객으로 북적거려 평일과 사뭇 다른 모습이 펼쳐져요."
런던에서 손꼽는 부촌이지만 다양한 가격대의 주류를 선보여 누구든 즐거운
시간을 보낼 수 있게 하는 것이 이곳의 영업 방침이다. "상상을 초월하는 가격의
집이 많은 곳이지만 모두가 엄청난 부자는 아닙니다.(웃음) 젠트리피케이션
이전부터 터를 잡은 주민들도 많거든요. 햄스테드과 런던의 다른 부촌과 다른
점은 계층이 나뉘어 있지 않다는 거예요. 수십억대 집에 사는 사람이든
그 건너편의 작은 집에 사는 사람이든 격의 없이 어울리죠. 출신 성분이나
재력에 상관없이 햄스테드에 산다는 것만으로 소속감을 느끼는 것 같아요.
다들 무척 행복해 보입니다."

"햄스테드의 단골은 손님보다 가족 같은 느낌이 들어요. 앤티크 숍에서 흰색 곰 장식품이나 달력, 포스터
등을 보고 저희 펍이 떠올랐다며 직접 구매해 선물하는 분도 많고요. 제가 바쁠 땐 손님들이 제 강아지
치피 Chippy를 대신 돌봐주기도 하죠. 이 동네 특유의 사심 없는 친절함을 보여준다고나 할까요."

커뮤니티를 강화한 로컬 식료품점 겸 델리

ADDRESS New Oriel Hall, Oriel Pl, London
INSTAGRAM @melroseandmorgan
FOUNDED 2010년
PRODUCTS 식료품, 델리, 커피, 페이스트리, 와인

SHOP

Melrose and Morgan

멜로즈 앤 모건

2010년에 문을 연 멜로즈 앤 모건 햄스테드 지점은 사람들이 끊임없이 드나드는 아담한 식료품점이다. 이곳이 인근의 다른 식료품점과 다른 점은 비스킷, 초콜릿, 잼 등 모두 수제로 구성한 자체 브랜드의 다양한 제품과 델리 카운터다. 매일 아침 북부 런던에 위치한 별도 주방에서 만든 샐러드와 키슈 quiche, 파르마자노 등 신선한 음식을 판매하는데, 간단한 점심이나 햄스테드 히스에서 피크닉을 즐기려는 이들에게 특히 인기가 높다. 직접 구운 페이스트리와 커피를 판매하는 카페도 겸해 매장 안쪽에 위치한 조그마한 2층에는 랩톱 컴퓨터를 가지고 일하는 로컬들이 자주 찾는다. 대부분의 제품은 영국에서 생산하는 것들이다. "창립자인 닉 Nick과 이언 Ian은 저희 델리의 음식을 만드는 초크 팜 Chalk Farm의 프로덕션 키친에서 가까운 곳에 분점을 내고 싶어 했어요. 자동차로 10분가량 떨어진 거리에 위치한 햄스테드에 이렇다 할 델리가 없다는 점에 주목했죠." 매니징 디렉터 크리스티 시메사 Kristy Cimesa의 말이다. "사람들이 함께 모여 앉아 식사를 하는 커뮤니티 키친에서 영감을 받아 커다란 나무 테이블에 각종 음식을 올려놓고 손님들이 자유롭게 원하는 것을 고르는 시스템이었는데, 팬데믹 이후로 방역이 강화되며 유리 칸막이 뒤에 음식을 진열해야 하는 것이 아쉬워요." 운영 방식은 바뀌었어도 로컬과의 관계는 여전히 돈독하다. "단순히 들어와서 물건을 사고 나가는 식료품점이 되길 원하지 않았어요. 음식과 커피, 와인을 통해 동네 사람들이 가볍게 만나 담소를 나눌 수 있는 커뮤니티가 존재하는 공간을 만든 것도 그 이유에서고요. 덕분에 단골이 굉장히 많고요. 단골마다 원하는 바가 달라 모든 의견을 수렴하기 어려울 때도 있지만요.(웃음)"

멜로즈 앤 모건은 아티장 식료품점과 델리로서 입지를 다졌지만 센트럴 런던 등 주요 상권으로 확장하는 것은 염두에 두고 있지 않다. 해당 지역 내에서 공명하는 바이브를 중시해서다. "고객들과의 친밀한 관계와 지역사회의 참여를 중시하는 저희 모델은 이웃 간의 커뮤니티가 돈독한 동네에 잘 어울린다고 생각합니다. 햄스테드는 부촌이지만 첼시등 런던의 다른 부촌과 무척 다른 분위기를 지니고 있어요. 대자연이 가까이에 있어 그런지 사람들이 여유롭고 느긋하거든요. 잔뜩 멋을 내기보다 장화에 청바지를 선호하는 컨트리 라이프스타일에 가깝다고 할까요. 런던 교외의 윔블던 Wimbledon이나

리치먼드 Richmond와 비슷한데, 그곳들과 달리 시내에서 크게 멀지 않다는 것이 차이점이에요. 미국인 가족이 많이 거주하는 것도 특징인데, 미국과 사뭇 다른 유러피언 마을 감성 때문인 것 같아요." 주요 수퍼마켓이나 온라인 식료품 플랫폼에서 쉽게 찾아볼 수 없는 식재료와 지역의 소규모 생산자가 만든 식료품을 다루는 것이 멜로즈 앤드 모건만의 차별화 전략이다. "머시룸 파테 mushroom pâté나 쿠키, 버터 등 햄스테드의 아티장 생산자들의 제품도 여럿 있어요. 지역 커뮤니티에 기여하려는 작은 노력이죠. 근방의 베이커리는 만든 빵을 직접 배달해줘요." 그는 최근 들어 햄스테드 내 독립 비즈니스의 수가 줄어들고 있는 점에 우려를 표하기도 한다. "햄스테드 중심가에 프랜차이즈 브랜드와 패션 부티크가 늘어나는 추세예요. 몇 주 전에는 대형 수퍼마켓 체인 세인즈버리스 Sainsbury's 매장도 문을 열었죠. 팬데믹 이후 경영이 악화되어 높아지는 지대를 감당하지 못한 소규모 비즈니스들이 자본력이 월등한 대형 브랜드에 자리를 내주는 모습이 씁쓸하지만 아직도 영업 중인 곳이 다수인 건 고무적입니다." 그럼에도 동네의 모습이 완전히 변하진 않으리라는 것이 그녀의 생각이다. "거래를 자유화하고 관세장벽을 철폐해 세계경제의 이익과 효율화를 기하려는 개방경제(open-economy) 논리에도 햄스테드는 계속 독립적인 분위기를 간직할 거예요. 소규모 독립 비즈니스를 돕는 동네 주민들의 성향이 변하지 않을 것이라 믿기 때문이죠."

"좋은 동네란 여러 요소를 충족하는 곳이라고 생각합니다. 다양한 식재료와 생필품뿐 아니라 패션과 라이프스타일 리테일 숍이 있지만 거대 브랜드에 잠식되지 않은 비즈니스 생태계의 다양성이 존재하는 곳. 서점, 갤러리, 극장, 공연장을 비롯한 문화 예술 공간, 생활의 여유를 즐길 수 있는 자연이 가까워 다른 동네에 갈 필요 없이 한곳에서 모든 것을 영위할 수 있는 동네. 편리한 교통 네트워크와 치안도 중요하고요. 햄스테드는 이 모든 것을 갖추고 있어요."

THE HAMPSTEAD
BUTCHERS & PROVIDORE

햄스테드 부처스 앤 프로비도 –
최상급 영국산 고기만 취급하는 정육점

ADDRESS 56 Rosslyn Hill, London
INSTAGRAM @hampsteadbutcher
FOUNDED 2010년
PRODUCTS 육류, 육가공품, 치즈, 식료품

햄스테드 번화가가 끝나가는 언덕 아래쪽에 위치한 햄스테드 부처스 앤 프로비도는 북부 런던에서 가장 사랑받는 독립 정육점 중 하나다. 센트럴 런던에서 여러 바와 레스토랑을 경영하던 필립 매튜스 Philip Mattews가 지역에 마지막으로 남은 정육점이 사라지던 2010년에 문을 열었다. 슈퍼마켓보다 가격은 다소 높지만 영국 현지에서 생산한 최상급 고기만 다루는 것을 경영 철학으로 삼는다. 이력 추적이 가능한 소고기, 돼지고기, 양고기, 닭고기, 칠면조고기 등은 전부 잉글랜드와 스코틀랜드 등지에서 방목한 영국산이다. 소와 돼지, 닭 등은 모두 초원에서 자란 풀과 허브만 먹여 키운 것들이며 미리 이야기하면 유기농 고기도 주문이 가능해 지속 가능한 음식에 관심이 많은 고객이 많이 찾는다. 꿩, 사슴, 청둥오리, 야생 토끼, 산비둘기, 뇌조(grouse), 자고새(partridge) 등 영국의 자연에서 사냥으로 얻은 고기는 특정 시즌에만 만나볼 수 있는 별미다. 정성스레 손질한 육류뿐 아니라 직접 드라이 에이징을 거친 생고기, 직접 만든 영국식 소시지와 햄, 샤퀴테리 등의 육가공품도 수준급이다.

The W. E. Hill & Sons Workshop

W. E. 힐 & 선즈 워크숍

고요함 속에서 현악기를 만드는 장인의 공간

LOCATION 36 New End Square, London
TYPE 공유 스튜디오
SIZE 80m²
FLOOR PLAN 편집매장, 공유 스튜디오

손으로 만든 텍스타일과 도예 제품에 집중하는 편집숍 리빙스톤 스튜디오 안쪽에는 수공예 장인들이 터를 잡은 동명의 공유 스튜디오가 자리한다. 거기서 철제 계단을 올라가면 1762년 창립한, 세계에서 가장 오래된 바이올린 메이커 W. E. 힐 & 선즈에서 운영하는 공방이 모습을 드러낸다. 2018년부터 이곳에서 하이 퀄리티 악기를 만드는 로버트 브루어 영 Robert Brewer Young, 훌리아 사라노 Julia Sarano, 제이슨 라이텐베르거 Jason Reitenberger 는 각자의 이름을 건 현악기 장인인 동시에 아이들에게 무료 음악교육 프로그램과 악기를 제공하는 비영리 재단 디 오픈 스트링 The Open String을 이끄는 주축 멤버들이다. 10년간 함께하며 각자의 작업과 공동의 프로젝트를 넘나들어온 이들에게 채광 좋은 넓은 오픈 플랜 구조의 스튜디오 공간은 유기적인 협업을 돕는 요소다. "세밀한 디테일을 다루는 악기 제작은 조용한 주변 환경이 수반되어야 합니다. 고도의 집중을 기울여야 하거든요. 자연광은 악기의 디테일을 잘 볼 수 있게 해줘요. 특히 니스 칠을 할 때 색의 미묘한 뉘앙스를 가늠하는 데 필수입니다. 빛에 따라 색이 다르게 보이기 때문에 인공조명으로는 대체할 수 없어요." 소박하고 아날로그적인 공방의 풍경에선 쉽게 상상하기 어렵지만 최신 기술의 접목도 이루어진다. "3D 스캐닝과 프린팅, RTI(Reflectance Transformation Imaging) 촬영을 이용해 악기의 디자인과 구조를 향상시키고 보다 저렴한 비용으로 고품질의 악기를 만들 방법을 모색합니다. 이렇게 만든 프로토타입을 악기 제조업자들에게 전달해 디 오픈 스트링의 프로젝트에 쓰일 악기를 만들고요." 이들에게 악기는 사회와 예술의 긍정적 관계를 확장해나가는 존재이며, 그것을 만드는 행위는 장인정신과 예술이 만나는 지점인 동시에 철학적 의미를 내포한다.

"제가 생각하는 좋은 동네는 서로가 서로를
돕고 중심 집약적인 구조에서 탈피한 분권화
(decentralized)된 곳입니다. 자신에게 남는 것을
이웃과 나누며 함께 살아가는 곳이죠. 제가 살던
독일에는 그런 곳이 꽤 있었어요. 요즘은 인터넷
덕분에 남의 도움 없이 혼자 삶을 영위하고 무언가를
만드는 것이 가능하지만요. 햄스테드 특유의
'빌리지 바이브'는 동네의 외관만큼이나 시류에서
벗어난 특별한 점 같아요."
제이슨 라이텐베르거 Jason Reitenberger

"예전 햄스테드에는 부자들이 거주하는 비싼 지역뿐
아니라 예술가도 임대할 수 있는 저렴한 장소가
공존했습니다. 덕분에 다양한 계층이 섞여 독특한
커뮤니티를 형성했죠. 젠트리피케이션을 거치면서
많은 예술가들이 떠나게 되었다는 점이 아쉽습니다.
저희는 악기를 만들기 때문에 그나마 경제력이
있지만 순수예술처럼 수입이 보장되지 않는 영역에
몸담은 사람들에겐 높은 지대를 감당하기 쉽지
않으니까요. 저희 역시 지자체의 지원이 없다면
이곳에서 공방을 유지하기는 어려울 겁니다."
로버트 브루어 영 Robert Brewer Young

"런던은 바이올린 메이커에게 무척 중요한 허브입니다. 예로부터 최고급 이탈리아산 악기를 거래하던 곳이라 귀중한 샘플을 직접 보면서 영감을 얻을 수 있거든요. 훌륭한 현악기 제작자가 많은 도시이기도 하고요. 햄스테드는 과거 예술가가 많이 살던 곳인데, 직접 거주해보니 왜 그런지 알 것 같습니다. 주위의 모든 것이 영감을 주거든요. 동네를 부유하는 에너지가 남다르죠."

홀리아 사라노 Julia Sarano

"예전 햄스테드에 형성되었던 지식인들의 커뮤니티는 여전히 그 줄기를 이어오고 있습니다. 심리학의 대가 지크문트 프로이트도 이곳에 살았죠. 그의 생가는 현재 그를 기리는 박물관이 되었습니다. 현대 정신분석학계의 저명한 인물 중 하나인 데리언 리더 Darian Leader도 햄스테드에 살아요. 동네에서 산책을 하거나 햄스테드 히스의 연못에서 수영을 하는 그의 모습을 가끔 봅니다. 요새 문화 예술을 통해 과거의 커뮤니티를 복원하려는 움직임이 일고 있어요. 화가 마르크 샤갈 Marc Chagall의 손자가 주도하는 새로운 공연장도 공방 바로 옆에 곧 문을 열 계획입니다."

로버트 브루어 영

"대부분의 시간을 공방에서 일하며 보내기 때문에 많은 사람들과 마주치는 일은 없지만 햄스테드를 기반으로 활동하는 몇몇 아티스트와 틈틈이 교류하고 지냅니다. 아래층 공방에서 작업하는 패션 디자이너 이언 배튼 Ian Batten과 니트웨어 디자이너 야마나카 도모코 Tomoko Yamanaka 는 매일 보는 얼굴들이고요. 서로 피팅 모델이 되어주거나 작업용 앞치마를 만들어주는 등 작은 커뮤니티를 형성하고 있어요. 영화 제작자나 순수예술 등 인근의 창의적인 사람들이 공방을 방문해 같이 점심을 먹거나 담소를 나누곤 해요."

홀리아 사라노

햄스테드 사람들이 여유롭고 느긋한 이유엔 햄스테드 히스가 큰 부분을
차지한다. 대도시에 있는 공원이라는 게 믿기지 않을 만큼 여유롭고 광활한
녹지로 주민들에게 동네의 상징이자 정신적인 휴식처다. 약 800에이커(약 323
만7485m2)로 뉴욕의 센트럴 파크 Central Park와 비슷한 규모지만 1000여
년 전 책에도 등장할 만큼 역사가 길다. 하이드 파크 Hyde Park나 리젠츠 파크
Regent's Park처럼 깔끔하게 정돈된 런던의 유명 공원에서 볼 수 없는 야생의
매력이 있다. 구릉과 연못, 숲, 다양한 동물이 다이내믹한 풍경을 연출하는데,
언덕에 오르면 런던 시내가 내려다보여 1년 내내 사람들의 발길이 끊이지
않는다. 햄스테드 히스는 오랜 역사를 거치며 소유권이 변하는 와중에도
공공을 위한 땅으로 존재했다. 햄스테드 히스에서 가장 높은 장소인 팔러먼트
힐 Parliament Hil은 130여 년 전 영국 정부가 시민을 위한 공간으로 매입했고,
이 근방의 보석 같은 녹지를 개발하려는 시도는 시민들의 저항으로 번번이
무산되어왔다. 햄스테드 히스의 힐 가든 Hill Garden과 퍼걸러 역시 런던
카운티 의회가 매입해 일반에 공개한 사유지다. 18세기에 건축된 저택
버그 하우스 역시 햄스테드를 대표하는 장소다. 각종 기획전을 선보이는
갤러리와 햄스테드의 역사를 전달하는 박물관, 카페를 갖추어, 자유롭게
드나들며 시간을 보낼 수 있다.

● HAMPSTEAD

Capture the Moments

MARIANNE NIX

"해가 뜨거나 질 때 정말 아름다워요. 겨울이 지나 나무에 잎사귀들이
돋으면 그 사이로 쏟아지는 빛이 장관을 연출합니다."

BRADLEY HAWKINS

"햄스테드 히스를 좋아합니다. 이곳에선 제가 자연의 일부가
된 것처럼 느껴지거든요."

KRISTY CIMESA

"햄스테드 히스에는 자연스럽게 형성된 아름다움이 존재하죠. 다양성을 포용하는 주민들의 태도는 결국 자연으로부터 비롯됐다고 생각합니다."

ANTONIA MOORE

"동네에서 가장 흔하게 볼 수 있는 저택 이미지입니다. 사람이 사는 집엔 동네의 특성이 전부 담겨있다고 믿어요."

235

VENICE,

L.A.

캘리포니아의 화창한 날씨와 어울리는 로스앤젤레스의 대표 해변 동네 베니스는 화려하고 다채로운 색으로 채색된 동네다. L.A.에서 퍼시픽 코스트 하이웨이 Pacific Coast Highway를 타고 샌타모니카 Santa Monica 남쪽으로 가면 나오는 동네인 이곳은 아름다운 바닷가가 펼쳐지고, 수많은 로컬 예술인이 거주하고 있어 문화를 선도하는 캘리포니아의 메카로 기능하며, '다양성이 낳은 기이한 문화의 허브(cultural hub known for eccentricities)'로 불린다. 부동산 개발업자이던 애벗 키니 Abbot Kinney(그의 이름을 딴 거리가 베니스의 유명 스폿이다)가 가장 사랑한 지역, 이탈리아 베네치아를 미국 영토에 구현하고자 노력한 비치 타운답게 항구 주변은 선상 레스토랑과 카페가 즐비하고, 베니스 운하(Venice canal) 위에 오리와 곤돌라가 자아내는 목가적 풍경이 공존한다. 이 독특한 '미국의 베니스(Venice of America)'는 스케이트보더가 아찔한 묘기를 선보이는 공원과 머슬 Muscle 비치에서 땀 흘리며 운동하는 사람, 파도를 잡아타는 서퍼들로 붐빈다. 그 옆 보행자 산책로 사이로 존재감을 드러내는 강렬한 색감의 그라피티와 거리 연주자들의 선율이 더해진다. 2012년 남성 패션과 문화를 선도하는 월간지 <GQ>가 '미국에서 가장 멋진 지역(The Coolest Block in America)'으로 선정한 베니스는 여전히 L.A.에서 가장 인기 있는 관광지로 손꼽힌다. 물론 2010년대부터 스냅챗 Snapchat 등 테크업계가 모여들기 시작하면서 '실리콘비치'로 급부상해 부동산 가격을 상승시켰지만, 젠트리피케이션에 반대하는 주민들이 합심해 이전의 자유분방하며 펑키한 동네로 되돌리려는 노력을 이어가고 있다.

"베니스비치의 주민들은 당신을 향해 웃고, 이름을 물어보고, 친근한 관심을 가지고
삶에 대해 묻는 동네다. 비록 당신이 이방인이거나 20달러의 팁을 내지 않아도 말이다.
매일 아침 바람이 살랑 부는 유럽풍 테라스가 딸린 카페에서 커피를 마시며,
이곳 베니스비치는 로스앤젤레스 특유의 뭐든 '해내겠다'는 강렬한 욕망보다
만족감과 좋은 삶에 집중하는 동네라고 생각한다."

가디언 The Guardian

"베니스비치에서는 하루하루가 새롭고 마치 끝없는 휴일을 보내는 것처럼 느껴져요.
특히 이곳 해변가에 늘 널브러진 예술가들처럼 자기 뜻대로 살아가는 사람들에게 매력을
느낍니다. (중략) 이곳을 특별하게 만드는 건 결국 공동체에 관한 것인데요, 1시간 동안
산책로를 걸으며 가장 아름답거나 혹은 더러운 인간 군상을 경험할 수 있죠. 베벌리힐스
Beverly Hills의 폴로 라운지보다 이곳에서 사람 구경하는 것을 더 선호해요."

히어로 매거진 HERO Magazine

"베니스비치는 서커스 같은 분위기의 동네다. 산책로를 따라 걸으면 라켓볼·농구·핸드볼을
하는 사람들, 지나가는 서퍼들, 머슬 비치 체육관에서 역기를 드는 사람들을 보게 될
것이다. 그 사이로 스케이트보더들이 지그재그로 빠르게 움직이고, 아이스크림과
감자튀김을 파는 작은 상점이 있다. 마치 다양한 스포츠가 혼재된 매우 활기찬 곳이다."

CNN

에디터 신희승 | 포토그래퍼 곽기곤

TALK

NED BENSON   영화감독·작가
네드 벤슨

MICHELE OUELLET BENSON   로렌자 와인 창립자·모델
미셸 우엘릿 벤슨

(왼쪽 부터) 네드 벤슨, 미셸 우엘릿 벤슨

영화감독 겸 작가 네드 벤슨, 그의 아내이자 와인 사업가 미셸 우엘릿 벤슨은 2006년 베니스에 정착해 지금까지 동네 이웃과 창의적 교감을 나누고 있다. 뉴욕 같은 대도시 생활을 경험한 이들이 L.A. 베니스에 정착한 건 아름다운 바닷가 인근 동네라는 점이 큰 이유였지만, 자동차가 아닌 두 발로 길을 걸으며 레스토랑과 카페, 바닷가와 친구 집을 오갈 수 있는 점 또한 한몫했다. 두 사람은 베니스가 미국에서 가장 창의적인 동네로 주목받는 이유는 '이웃과의 긴밀한 커뮤니티'에 있다고 확신한다.

안녕하세요. 오늘은 베니스에 관한 얘기를 하려고 합니다. 이야기를 나누기 전에 각자 자기소개를 부탁드려요.

미셸 우엘릿 벤슨(이하 미셸): 저는 캘리포니아 와인 생산지로 유명한 내파 카운티 Napa County의 포도 재배지 내파밸리 Napa Velley에서 자랐어요. 가족뿐 아니라 이웃 대부분이 와인업계에 종사하는 환경에서 어린 시절을 보냈죠. 모델로 데뷔한 건 열다섯 살 때인데, 당시 뉴욕과 파리를 오갈 기회가 잦았어요. 당시 파리 사람들은 미국인과 달리 로제 와인 rose wine을 어린 나이인 저에게도 권했고, 저 역시 종종 가볍게 마시곤 했죠. 그래서 고등학교 졸업 후 로제 와인을 다루는 브랜드 '로렌자 Lorenza'를 자연스레 시작한 것 같아요. 모델로도 꾸준히 활동하지만, 현재는 와인 사업에 좀 더 집중하고 있어요.
네드 벤슨(이하 네드): 저는 영화감독이자 작가입니다. 근작으로는 마블 시네마틱 유니버스 중 하나인 <블랙 위도우 Black Widow>의 시나리오를 썼고, 현재는 감독으로서 영화를 새롭게 준비하는 중입니다.

오늘 인터뷰하는 공간은 두 부부의 집인데요, 베니스는 L.A. 내에서도 어떤 지역일까요?

네드: 사시사철 시원한 지역입니다. L.A.의 다른 동네보다 늘 온도가 낮아요. 그래서 여름에도 에어컨이 필요 없는 동네 중 하나죠. 물론 겨울이 다소 춥긴 하지만요.(웃음) 이곳에 터를 잡은 이유 중에는 기후 요인도 있지만, 가장 큰 건 역시 어디든 걸어갈 수 있다는 점이에요. 사실 L.A.는 '걸어서 할 수 있는 생활'이 불가능하거든요. 대중교통이 잘돼 있는 편도 아니고요. 한데 이곳은 도보로 쇼핑하고, 장을 볼 수 있어요. 원한다면 언제든지 바닷가에서 수영하거나 일광욕을 즐길 수도 있고요. 저나 미셸 모두 뉴욕에서 오랜 시간을 보냈는데, 그래서인지 L.A. 출신보다는 운전을 좋아하지 않는 것 같아요.(웃음)
미셸: 베니스는 큰 도시에 속한 오아시스 같은 동네예요. 네드의 말처럼 항상 강아지랑 같이 산책할 수 있고, L.A.에서도 근사한 편에 속하는 바닷가가 바로 코앞에 있죠. 저는 요리하는 걸 정말 좋아하는데요, 매주 근사한 파머스 마켓이 이곳에서 열린다는 게 제게는 가장 큰

매력으로 다가오죠. 집을 나와서 파머스 마켓 방향으로 걷는 길을 좋아해서 임의로 '하와이 길'이라 부르고 있어요.(웃음) 굉장히 좁은 길인데요, 예쁜 나무와 꽃으로 가득해 매번 길을 지날 때마다 모든 근심이 사라지곤 합니다. 특히 팬데믹으로 인해 업무 일정 대부분이 취소되는 바람에 한동안 집에 머무는 경우가 정말 많았거든요. 그때 이 길이 제게 큰 위안을 주었어요. 돌이켜보면 팬데믹 상황 덕분에 베니스와 더욱 사랑에 빠진 것 같아요. 집의 소중함을 깨닫게 됐을 뿐 아니라 이웃 간의 교류도 활발해졌어요. 그 때문에 와인 사업을 확장하는 기회를 얻기도 했죠. 좋은 날씨, 다양한 문화, 따뜻한 기운이 행복한 삶을 누리게 해준다는 것에 확신을 갖게 한 동네가 바로 베니스입니다.

아티스트 커뮤니티가 단단히 구축된 베니스에 사는 것이 각자의 일에도 좋은 자양분이 될 것 같습니다.

미셸: 주변에 창의적인 이웃이 많다 보니 도보 산책을 하는 것만으로도 영감을 받는 것 같아요. 제가 애써 노력하지 않아도 베니스에는 예술가가 품은 특유의 정서가 공기처럼 흐르거든요. 와인 사업을 예로 들면, 셰프 친구들과 함께 주변의 괜찮은 레스토랑을 방문해 수다를 떠는 것만으로도 도움이 돼요. 업무 미팅이 아닌데도 늘 어떤 음식이 와인과 어울리는지 편안하게 얘기하죠. 사실 베니스는 바닷가 인근이기 때문에 다운타운에서 좀 떨어진 외곽 지역이거든요. 그런데도 L.A. 문화 신에서 늘 영향력을 행사할 수 있는 건 바로 창의적인 이웃들이 언제든 편하게 만나고 의견을 공유하기 때문인 것 같아요.

베니스 인근 레스토랑에서 로렌자 와인을 자주 만날 수 있는 게 우연은 아니군요.

미셸: 저와 네드는 맛있는 레스토랑을 발견하는 걸 좋아해요. 새로운 레스토랑이 오픈하면 매번 가장 빨리 방문하죠.(웃음) 베니스 근처에도 맛있는 레스토랑이 정말 많아요. 그곳을 방문할 때마다 직접 제 와인을 갖고 가서 선물하곤 한답니다. 그런데 하루는 한 레스토랑의 와인 리스트에 제 와인이 포함되어 있더라고요. 셰프가 제 와인을 좋아한 거죠. 제가 만드는 와인인 로젠자는 로제 와인 중에서도 드라이한 편이어서 맵거나 짠 음식, 해산물이나 파스타, 타코 등 모든 음식에 잘 어울리거든요. 그 점이 베니스 인근 레스토랑에서 로젠자가 환영받는 이유일 거예요.

베니스에서 두 분이 추천하는, 정말 맛있는 레스토랑은 어디인가요?

미셸: 피자 맛집으로 손꼽히는 '지젤리나 Gjelina'를 정말 자주 가요. 근래에는 지속 가능성을 생각하는 해산물 레스토랑 '크루도 에 누도 Crudo e Nudo', 이탤리언 레스토랑 '펠릭스

Felix'를 자주 방문하는 것 같아요. 아! 간단하게 한 끼를 해결할 땐 '그레이트 화이트 Great White'를 추천합니다.

네드: '주스타 Gjusta'도 포함해주세요.(웃음) 동네 친구 맥스 Max와 항상 가는 곳인데요, 그는 주스타 때문에 베니스를 떠날 수 없다고 말할 정도로 그곳을 아주 사랑하지요. 사실 베니스에는 추천할 만한 레스토랑이 정말 많아요. 하지만 현재 저희 부부한테 일등인 곳은 역시 크루도 에 누도인 것 같아요. 계속 말하지만, 이런 훌륭한 레스토랑을 모두 집에서 걸어갈 수 있습니다.(웃음) 이런 환경이 베니스에서 사는 이유죠.

크리에이티브 신이 베니스 지역을 중심으로 형성된 이유는 어디에 있다고 보나요?

네드: 베니스는 1960년대부터 히피 문화가 시작된 동네예요. 덕분에 다양한 문화와 인종이 뒤섞이며 공존하는 방법을 일찍부터 터득했죠. 2000년대 이후부터는 테크 산업 종사자들이 몰려 새로운 커뮤니티를 구축하고 있고요. 할리우드가 엔터테인먼트 산업에 집중해 성공한 곳이라면, 베니스는 정말 다양한 산업과 문화가 각자의 방식으로 목소리를 내는 곳입니다. 바닷가와 날씨가 주는 특별함도 무시하지 못할 요인이고요.

혹시 베니스에 거주하는 것이 단점으로 다가오는 경우는 없나요?

네드: 할리우드 산업의 중심에 서 있기를 원한다면, 베니스는 좀 고립된 동네일 수도 있을 거 같아요. 어제도 일 때문에 할리우드로 자동차를 몰고 갔는데, 길이 막히니 1시간도 더 걸리더군요. 거리만 놓고 보면 그리 멀지는 않지만, L.A.는 늘 바쁘게 움직이는 사람이 많으니까요.

미셸: 걷는 걸 좋아하지 않는 사람들에게 베니스는 좋은 선택지가 아닐 겁니다. 이곳은 직접 두 발로 걸어야 진가를 알 수 있거든요. 가끔 홈리스와 지저분한 거리를 마주하긴 하지만, 이는 베니스만의 문제가 아닌 L.A. 전역의 문제이니까 저는 크게 개의치 않아요.

동네에 거주하는 사람 중에는 소속감을 느끼지 않는 이도 많습니다.
두 분은 동네에 소속감을 느끼나요?

네드: L.A.의 경우는 보통 자동차로 오래 이동하므로 대부분의 이웃이 장거리 관계(long distance relationship)를 맺고 있죠. 실제로 정반대편에 위치한 실버레이크 Silver Lake 지역에 사는 친구를 사귀는 것보다 뉴욕에 사는 친구를 만나러 가는 게 훨씬 낫다는 얘기를 농담 삼아 할 정도예요.(웃음) 한데 베니스에 산다는 건 좀 다른 것 같아요. 앞에서도 계속 언급했지만 저희는 걸어서 몇 분 안 되는 거리에 좋은 이웃을 두고 있거든요. 굳이 자동차로

1시간 이상을 운전하지 않아도 늘 원하는 시간에 친구네 집을 방문할 수 있어요. 그런 관점에서 소속감을 느낀다고 말할 수 있겠죠.

미셸: 펜데믹 덕분에 베니스 주민이라는 소속감을 확실히 느낀 것 같아요. 레스토랑에 가는 것처럼 친구 집을 방문해 함께 식사하고 좋은 와인을 마시면서 우울한 상황을 견뎠는데, 저는 이런 소소한 관계를 유지하는 곳이라면 충분히 소속감을 느낄 수 있다고 생각해요.

강아지를 키우죠? 강아지를 키우는 입장에서도 걸어서 할 수 있는 게 많다는 건 정말 좋은 거 같아요.

네드: 아침마다 블루보틀 커피 Blue Bottle Coffee 나 인텔리젠시아 Intelligentsia로 커피를 사러 나가는데, 항상 강아지 '로마 Roma'와 함께 길을 나서요. 제 일과의 루틴 같은 거예요. 매일 같은 길로 산책하듯이 천천히 걷기 때문에 동일한 시간에 강아지와 함께 산책하는 견주들과 안부를 묻는 사이가 됐어요. 로마도 동네 강아지 친구가 생겼는데요, 특히 '웁스 Oops'라는 강아지와 친해요. 웁스는 로마의 10분의 1 크기의 작은 강아지인데도 동네 서열 중 보스 격인 녀석이죠.(웃음) 그런 둘이 함께 노는 걸 볼 때마다 신기하기도 하고 정말 귀여워서 자주 웃게 돼요. 베니스에 있는 대부분의 카페나 레스토랑은 강아지와 함께 들어갈 수 있고, 강아지 앞에 마실 물도 가져다주죠. 몇 블록 떨어진 곳엔 바닷가가 있고요. 강아지 산책 코스로 이보다 완벽한 곳은 없는 것 같아요.

끝으로, 동네 주민으로서 동네에 바라는 점이 있을까요?

네드: 안전이요. 물론 범죄 없는 동네가 없다는 건 알지만, 베니스 거리를 걷는 여성들이 더 안전했으면 좋겠어요. 주말이 되면 오래된 밴에서 사는 방랑자(vagabond)가 거리에 주차하고 지내기도 하거든요. 물론 주민과 소통할 정도로 친근한 사람도 있지만, 몇 명은 동네 주민을 상대로 범죄를 저지르기도 하죠. 그럴 때면 뉴욕이 더 안전한 것도 같아요. 사실 경치 좋은 따뜻한 바닷가는 홈리스가 살기에 좋은 환경이잖아요? 그래서 베니스에는 늘 홈리스가 많았는데요, 펜데믹 이후 확실히 증가했다는 인상을 받아요. 제가 이곳에 정착한 게 2006년이거든요. 당시만 해도 애벗 키니 대로가 지금처럼 화려한 길이 아니었어요. 그런데 이곳에 레스토랑이 하나둘 생기더니 지금은 대로 전체가 용광로처럼 들끓는, L.A.에서 가장 주목받는 길이 됐죠. 저는 애벗 키니를 걸을 때마다 뉴욕의 소호를 떠올려요. 소호도 1980년대만 해도 젊고 가난한 예술가의 허브로 존재했는데, 이제는 전 세계 다양한 브랜드가 몰리는 유명 관광지가 됐잖아요. 제 바람은 베니스가 젠트리피케이션 과정에서도 안전한 동네, 홈리스 문제를 해결하는 데 앞장서는 동네, 화려함 속에서도 특유의 감각(edge)을 잃지 않는 동네가 되는 거예요.

현재를 덧씌워 전통성을 회복한 레스토랑

ADDRESS 220 Rose Ave, Venice, CA
INSTAGRAM @therosevenice
FOUNDED 1979년
PRODUCTS 지역색을 담은 다양한 음식, 커피, 술

SHOP

Rose Café

로즈 카페

로즈 카페는 베니스 인근에 위치한 동명의 거리 로즈 애비뉴 Rose Avenue
에서 따온 이름이다. 거리를 상징하는 레스토랑이 되겠다는 포부로 시작한
이곳은 1979년부터 줄곧 동네 주민과 관광객을 이어주는 랜드마크 역할을
해오고 있다. 물론 여느 오래된 레스토랑처럼 큰 위기에 직면한 적도 있다.
2010년부터 근처 애벗 키니 대로에 젊은 취향의 감각적 레스토랑과 카페, 바,
편집매장 등이 들어서면서 로즈 카페는 상징성만 남은 채 철 지난 레스토랑으로
밀려났기 때문이다. 이는 현재 오너이자 셰프인 제이슨 네로니 Jason Neroni
가 오기 전의 이야기다. 네로니는 2015년 로즈 카페를 인수한 후 대대적인
개편을 시작했다. 일단 베니스 특유의 창의성을 공간에 담는 작업에 집중했다.
서핑과 스케이트보딩, 스트리트 아트 등을 즐기는 이들이 구축한 동네
커뮤니티 고유의 정서를 이입시키기 위해 공간 대부분을 지역 아티스트의
작품으로 채웠다. 한쪽 벽면을 로컬 아티스트 크레이그 스텍 Craig Steck의
패치 아트워크로 장식했는데, 베니스 역사가 담긴 사진과 화려한 포스터를
조합해 지역 특유의 자유분방한 정서가 녹아든 것이 특징이다. 내부에 진열한
흑백사진은 서브컬처 신의 다양한 행보를 자신만의 화법으로 표현하는
아티스트 CR 스테시크 III CR Stecyk III의 작품이다. "뉴욕을 사랑해 뉴욕에서
오래 살았어요. 한데 여름에는 늘 L.A.의 화창한 날씨가 그립더군요. 뜨거운
열기로 가득한 주방에서 잠시 쉬러 밖에 나와도 습한 공기가 얼굴을 때리니까
그게 또 견디기 힘든 거예요. 겨울은 너무 혹독할 정도로 춥고요. 그래서 고향인
L.A.로 돌아왔습니다. 삶에서 중요한 건 결국 날씨와 환경이더군요. 베니스를
선택한 건 걸어서 바다에 갈 수 있고, 다양한 문화가 존재하며, 예술가들의
커뮤니티가 강하게 구축된 동네이기 때문이죠. 특히 로즈 카페가 있는 곳은
어린 시절 스케이트보드를 타러 매일 오던 거리였어요."

네로니는 '캘리포니아 퀴진의 아버지와 어머니'로 일컫는 볼프강 푸크
Wolfgang Puck와 앨리스 워터스 Alice Waters에게 요리를 배웠고,
이탈리아와 프랑스·멕시코 등을 오가며 전 세계의 다양한 음식을 탐구했다.
그가 많은 경험을 통해 깨달은 건 요리하는 방법보다 지역의 제철 식재료를
사용해야만 정말 가치 있는 음식을 대접할 수 있다는 것이다. 그는 로즈 카페가
좋은 음식처럼 지역과 동네를 품은 레스토랑으로 성장하길 바랐다.

"음식 메뉴에 주기적으로 변화를 줍니다. 제가 직접 파머스 마켓을 가는 이유도 주변 농장의 신선한 농산물에서 영감을 얻기 위함이죠. 지역의 제철 식재료를 사용해 다양한 음식을 선보이는데, 모두 저희가 직접 만들어요. 고기 훈제도 직접 하고, 빵도 직접 굽죠. 덕분에 어느 시간대에 누구랑 와도 구미에 맞는 음식을 즐길 수 있습니다." 실제로 로즈 카페는 커피와 브런치, 칵테일과 스테이크 등 메뉴 선택의 폭이 넓다. 네로니의 노력으로 로즈 카페는 다시금 베니스의 명물이 되고 있다. "제가 인수하기 전만 해도 로즈 카페는 애벗 키니 대로 끝에 있는 오래된 레스토랑으로 알려졌습니다. 하지만 요즘은 '로즈 카페 앞에서 만나자'고 말하죠. 로즈 카페가 일종의 만남의 광장이 된 셈입니다. 오래된 레스토랑으로 남기보다 지금 이 동네의 창의적 면모를 지속적으로 공간과 음식에 투영했기 때문이겠죠. 시작할 땐 사실 좀 두려웠습니다. 직원만 300명이던 엄청난 규모의 레스토랑이었으니까요. 그런데 지금은 그 직원 수만큼 되는 사람이 매일 이곳을 방문하고 있어요. 토요일은 낮에만 2000명 정도가 로즈 카페를 방문할 정도입니다."

"로즈 카페를 인수한 지 거의 8년이 다 되어가네요. 베니스도 꽤 많은 변화가 생겼습니다. 테크 기업이 계속 들어오고 있거든요. 저희 카페를 방문하는 단골도 한층 다양해졌어요. 예전에는 시나리오 작가나 영화감독, 스케이트보더나 스트리트 컬처 신에 몸담고 있는 사람들이 주로 왔다면, 이제는 비트코인 종사자, 구글 같은 IT 기업의 엔지니어업계 사람들의 방문이 늘고 있죠. 저는 좋은 일이라고 생각합니다. 전혀 어울릴 것 같지 않은 사람들이 모여 편견 없이 이야기를 나누는 것이야말로 베니스의 현재 모습입니다. 관광객도, 현지 주민도 모두 주변 환경을 오롯이 즐길 줄 알죠."

로컬 예술가의 인큐베이터 역할을 하는 갤러리

ADDRESS 45 N Venice Blvd, Venice, CA
INSTAGRAM @lalouver
FOUNDED 1975년
PRODUCTS 아트 갤러리

SHOP

L.A. Louver

L.A. 루버

갤러리 L.A. 루버(이하 루버)가 오픈한 1975년의 베니스는 캘리포니아 히피 문화가 시작된 곳이었다. 당시 루버를 설립한 피터 굴즈 Peter Goulds 는 영국에서 성장했으나 UCLA 대학의 교수로 초빙받아 미국으로 건너온 뒤 L.A.의 히피 문화와 젊은 예술가들의 자질에 매료돼 갤러리를 열었다. "1980년대부터 데이비드 호크니 David Hockney의 개인전을 선보였습니다. 루버는 호크니 작품 전시만 21회 했을 정도로 L.A. 내에서 높은 영향력을 갖춘 갤러리로 인정받는 곳이죠." 루버의 디렉팅 파트너 킴벌리 데이비스 Kimberly Davis의 말이다. 그는 37년간 굴즈와 함께 일하며 베니스에서 일어난 모든 미술계의 움직임을 가까이에서 지켜본 인물이다. "이 빌딩은 1995년에 지었어요. 당시만 해도 이곳은 히피 문화가 강력한 곳이어서 상업적 갤러리가 생긴다는 것에 반대가 심했어요. 하지만 저희는 갤러리 오픈 이래 어디에도 소속되지 않은 지역 예술가들의 작품을 선보이려 노력했고, 그로 인해 이름을 알린 예술가가 많아짐에 따라 점차 동네 주민에게 신임을 얻기 시작했죠. 그때의 기조는 지금도 동일합니다. 슈퍼스타의 작품에 의존하는 갤러리가 아닌 독창적 작품, 특히 페인팅과 조각에 집중하는 편이죠." 데이비스의 말처럼 루버는 베니스비치 로컬 예술가들의 든든한 버팀목 역할을 한다. 물론 데이비드 호크니와 에드 모지스 Ed Moses, 찰스 개러베디언 Charles Garabedian 같은 아이코닉한 작가들의 작품을 선보이기도 한다. 하지만 이는 이러한 거장을 통해 미술관의 젊은 작가를 알리는 한편, 젊은 작가에게 좋은 자양분을 제공하기 위함이다. "피터는 흙 속의 진주를 발굴해서 작품을 전시하고, 집중받게끔 도와주는 일을 많이 했어요. 그렇게 아티스트를 찾았는데, 유명 갤러리나 박물관에서 바로 데려가는 경우도 많아요.(웃음)"

루버는 유명 작가의 작품을 전시하더라도 무료입장을 고수한다. 비록 지금의 베니스는 높아진 땅값으로 인해 히피 문화를 찾기 어렵지만, 가난한 예술가나 주민 모두가 동등한 입장에서 좋은 예술을 감상할 수 있게 하기 위해서다. "물론 쉽지 않은 일입니다. 경제적 지표만 놓고 보면 사실 저희가 베니스에서 계속 갤러리를 운영할 수 있을지도 확신이 서질 않아요. 이제 이곳의 땅값은 베벌리힐스보다 비싸다고 하더군요. 근처에 약 15개 갤러리가 있었는데, 대부분 운영을 포기하고 이곳을 떠났습니다." 데이비스의 말처럼 베니스는 큰 변곡점에 서 있다. 예술가들이 점유하던 여유로운 거리는 거대 테크 기업에 다니는 진취적 청년들의 빠른 발걸음이 오가는 곳으로 변했다. 갤러리를 방문하는 이들의 성향도 자연스레 바뀌고 있다. "새로운 미디어를 통해 다양한 세대와의 접점을 찾는 중입니다. 가령 데이비드 호크니의 작품을 전시한다고 할 때, 기존의 페인팅보다 필름으로 작업한 영상을 선보이는 방법을 택하는 식입니다." 자본이 특정 지역에 유입되면 동네가 변하고, 그 동네를 즐기는 사람이 바뀌는 것처럼 루버도 작품을 새로운 형태로 선보이는 데 심혈을 기울인다. "계속해서 변해야 합니다. 부동산 가격 상승과 팬데믹 속에서도 저희가 굳건하게 영향력을 행사할 수 있는 건 늘 새로운 자세로 세상을 바라보기 때문입니다. 물론 모두에게 좋은 예술을 알리자는 목적은 변하지 않습니다. 그것이야말로 설립자가 갤러리를 운영하는 이유니까요."

"지금 베니스는 부유한 사람들이 즐기는 동네로 변했습니다만, 저는 이 동네가 여전히 '히피 문화'를 품고 있다고 생각합니다. 아름다운 바다와 따뜻한 날씨가 베풀어주는 긍정적 에너지가 사람들에게 '여유'와 '도전 정신'을 가져다주거든요. 베니스 거리와 바다에는 이러한 도전 정신으로 무장한 스케이트보더와 서퍼, 젊은 예술가가 많습니다. 새로운 상점과 건물이 들어선다 해도 베니스에서 절대 사라지지 않을 풍경이죠. 이게 저희 갤러리의 원동력이기도 하고요."

EREWHON

에레혼 - 삶의 질을 높이는
초호화 그로서리

ADDRESS 585 Venice Blvd, Venice, CA
INSTAGRAM @erewhonmarket
FOUNDED 1980년
PRODUCTS 유기농 식료품

에레혼은 미국을 대표하는 최고급 그로서리다. 까다롭게 엄선한 최상급 식재료와 주스·샐러드·초밥 같은 음식 등을 마치 전시장의 작품처럼 진열해 눈길을 끈다. 더욱이 대부분의 성분이 유기농, 글루텐프리, 바이오다이내믹, 자연방목, 비건 같은 조합으로 구성해 줄곧 부유한 베니스 주민들의 건강한 식단을 책임지고 있다. 에레혼이란 특이한 상호는 영국 소설가 새뮤얼 버틀러 Samuel Butler가 쓴 동명의 소설 <에레혼>에서 따왔다. 소설 속 배경이기도 한 에레혼은 자신의 건강을 자기 스스로 책임지는 사람이 모인 유토피아다. 즉 에레혼은 지역민의 건강을 책임지는 유토피아 같은 그로서리라는 의미가 상호에 내포된 것이다.

BAZAR

바자 - 과거와 현재를 잇는
빈티지 스토어

ADDRESS 1108C Abbot Kinney Blvd, Venice, CA
INSTAGRAM @bazar_venice
FOUNDED 1998년
PRODUCTS 앤티크 가구와 의류, 주방용품

바자의 오너인 티나 와키노 Tina Wakino는 전 세계 곳곳을 누비며 환영받을 오래된 물건을 가져다 공간을 채운다. "무엇보다 잘 만든 제품이어야 합니다. 장인 정신으로 만들었는지를 보는 것이죠. 그다음으로는 제품의 오리지널리티와 지속 가능성을 두루 살핍니다. 또한 여성이 만든 제품, BIPOC(Black, Indigenous, People of Color: 흑인, 원주민, 유색인종을 포괄하는 표현), LGBTQ 커뮤니티에서 생산하거나 사용한 물건을 최대한 많이 발견해 고객에게 선보이고자 합니다." 바자에서 판매하는 모든 물건은 저마다 독특한 사연이 담겨 있다. "단골들 대부분이 이곳에만 있는 진귀한 이야기가 담긴 제품을 기다리죠. 이들 대부분은 손님이기보다 가족이자 친구라 할 수 있어요."

HEIST

하이스트 – 오너의 취향을
공유하는 편집매장

ADDRESS 1100 Abbot Kinney Blvd, Venice, CA
INSTAGRAM @shopheist
FOUNDED 2004년
PRODUCTS 패션 의류, 액세서리

하이스트는 2004년부터 지금까지 변함없이 자리를 지키고 있는, 애벗 키니 대로의 터줏대감 같은 편집매장이다. 하이스트가 입지를 공고히 한 이유는 개인 옷장에 둘 물건과 옷을 찾아서 소개하는 데 집중한 결과다. 즉 하이스트엔 개인의 관점을 통해 선별한 물건들이 있는 것. 이는 경향에 따라 선별한 물건을 판매하는 기성 편집매장과 차이점을 만든 요소로 작용했다. 덕분에 하이스트에 가면 숨어 있는 보석 같은 브랜드 물건을 발견할 수 있다. 매장에 놓인 옷과 액세서리 대부분 절제된 스타일이지만, 재단 방법과 실루엣의 변주를 통해 저마다 개성 강한 얼굴을 보여준다. 베니스비치를 수놓은 편안하면서도 도전적인 사람들의 삶의 방식과도 닮아 있는 부분이다.

베니스는 스케이트 컬처의 시작점이다. 스케이트보딩의 레전드 스테이시 페럴타 Stacy Peralta, 토니 앨바 Tony Alva, 제이 애덤스 Jay Adams 등이 1970년대 L.A. 근교 베니스비치의 황폐한 빈민가인 도그타운 Dogtown을 중심으로 일어난 스케이트 컬처를 다룬 다큐멘터리 <도그타운과 Z보이즈 (Dogtown and Z-boys)>는 베니스가 스케이트보딩 신에서 얼마나 중요한 곳인지를 여실히 보여준다. 실제로 베니스 인근에는 계단과 길가에 주차된 자동차, 여러 기물을 파도처럼 넘는 스케이트보더가 많다. 베니스의 젊은 세대는 파도가 밀려오면 서핑을 즐기고, 파도가 잠잠하면 스케이트보딩을 한다. LA에서 역사상 가장 많은 돈을 투자해 지은 스케이트보드 파크인 '베니스비치 스케이트파크 Venice Beach Skatepark'가 바닷가에 있는 이유다. 최고 시설을 자랑하는 스케이트파크는 베니스비치의 모래사장 바로 앞에 있어 해 질 녘 콘크리트 볼에서 스케이트를 타는 모습을 보면 더욱 아름답다. 약 1485m²의 규모를 자랑하는 이곳의 콘크리트 볼은 마치 물 빠진 수영장을 연상케 하는데, 이는 남몰래 부잣집 저택에 들어가 물 빠진 수영장을 활용해 스케이트보딩을 즐긴 Z보이즈의 모습에서 영감을 받아 디자인한 결과물이다. 베니스에 사는 건 도그타운의 스케이트 제왕처럼 조금은 무모해 보일지라도 계속해서 도전하는 에너지를 주고받는 일이다. 스케이트보딩을 즐기지 않아도 이곳의 풍경을 눈으로 담는 이가 많은 것도 그런 이유다.

VENICE

MICHELE OUELLET BENSON

"석양이 오렌지색으로 물들어 빛나는 순간, 높이 솟은 야자수,
그리고 평화로운 바닷가를 산책하며 볼 수 있다는 건, 베니스에 사는
가장 중요한 이유입니다."

JASON NERONI

"조 바이든 Joe Biden이 대통령에 당선된 날 촬영한
애벗 키니 거리 모습입니다. 저는 이 사진을 통해서도 베니스의
다양성을 설명할 수 있다고 생각해요."

KIMBERLY DAVIS

"마크 디 수베로 Mark Di Suvero의 대형 조각 <디클레이션
Declaration>은 한동안 베니스비치의 랜드마크로 자리했습니다.
한데 이 작품이 곧 작가의 품으로 돌아간다더군요.
아쉬운 마음에 촬영했어요."

INTERVIEW

삶을 둘러싼 공간에 대해 고민해온 전문가와의 인터뷰를 통해 동네의 의미와 최근 동네 환경의 변화를 짚어봤다.

인터뷰 이준현(CCC, R부동산) | 에디터 김재영, 김이지은, 최선우

Tomohiro Umetani

우메타니 도모히로
컬처컨비니언스클럽 글로벌 비즈니스 컴퍼니 사장

우메타니 도모히로는 1991년 츠타야 서점을 중심으로 라이프스타일 플랫폼을 기획하는 컬처컨비니언스클럽 Culture Convenience Club(이하 CCC)에 입사한 이후, 2013년 하코다테 츠타야 서점을 오픈하고 홋카이도에서 비즈니스를 성공적으로 정착시키는 등 CCC의 플랫폼 사업과 라이프스타일 콘텐츠 사업 부문을 총괄해왔다. 2022년 4월부터는 CCC의 해외 진출을 전개하는 글로벌 비즈니스 책임자로 중국, 대만 등 아시아 국가에서 츠타야 북 스토어 및 츠타야 서점 사업을 이끌고 있다. 그는 서점의 매력이자 장점은 특정 고객을 타깃으로 하는 것이 아니라, 연령과 성별을 불문하고 다양한 사람을 끌어들일 수 있는 것이라고 말한다. 책을 중심으로 라이프스타일을 제안하며 누구나 편하게 방문할 수 있는 장소로서 서점의 가치를 주목하고, 나아가 살기 좋은 동네와 즐거운 동네는 인위적으로 만들어지기보다 사람들이 자연스레 모인 결과라고 덧붙인다.

CCC에 입사해 경력을 쌓은 지 31년이 지났습니다. 일본의 오프라인 플랫폼과 지역의 변화를 몸소 경험해왔을 거라고 생각하는데요, 일본에서 동네의 개념은 어떻게 변화한 것 같나요?

동네의 정의나 개념보다는 살고 있는 사람과 환경, 그리고 지역에서 발달한 산업 등이 상당히 바뀌었어요. 팬데믹 이전만 놓고 보면 일본은 특히 고령화가 심화됐습니다. 츠타야 Tsutaya가 처음 사업을 시작한 1983년부터 가장 공격적으로 출점한 1990년대 사이 20~30대이던 젊은 층이 이제는 50~60대가 되어 은퇴할 나이가 됐고, 이에 따라 라이프스타일도 변했죠. 저도 마찬가지로 입사 당시 20대였는데 이제는 50대가 되어 과거와 비교해보면 생활 방식과 취미가 바뀌었고요.

시대에 따라 CCC와 츠타야가 바라보는 '좋은 동네'의 정의도 달라졌을까요?

우선 애초에 '좋은 동네'의 기준을 정하지는 않습니다. "이 동네는 괜찮고, 저 동네는 안 된다"고 판단하기보다는 각 동네마다 개성과 장점이 있는 반면, 단점도 있을 거라고 생각해요. 입점 지역을 선정할 때도 특정 인구 수와 같은 정량적 기준을 갖고 있지는 않습니다. 일단 후보지를 찾으면 그 지역의 길이 어떻게 나 있는지부터 살펴봐요. 강이 흐르거나 산이 있으면 건너 동네에서는 좀처럼 방문하기가 쉽지 않잖아요. 서울도 한강이 도시를 가로질러 다리를 건너야만 오갈 수 있는 것처럼 말이에요. 이런 지형적 요소를 고려하지, 어떤 특정 수치 기준에 도달하지 않는다고 출점을 포기하지는 않습니다.

프랜차이즈 렌털 숍 위주이던 과거의 츠타야와 라이프스타일 플랫폼으로 리브랜딩한 츠타야 서점 및 T-사이트가 입점 지역을 선정하는 기준에는 차이가 있을 거 같은데요.

앞서 말한 것처럼 입점 지역을 선정하는 기준이 다르기보다는 공간이 품고 있는 '내용'이 변했다고 할 수 있겠네요. 과거에는 젊은 고객층을 타깃으로 그들이 만족하는 콘텐츠만 구비해도 충분했다면, 이제는 그 고객이 성장해 가정을 이루고 부모님과 본인, 자녀까지 3대가 함께 방문하는 시대가 됐기에 각각 연령이 다른 고객을 모두 만족시킬 수 있는 매장을 만들어야 하는 거죠.

특히 츠타야 서점은 매장마다 다른 전략을 구사하는 것으로 잘 알려져 있습니다. 해외 관광객을 겨냥한 긴자 츠타야 서점과 가족 및 아동 고객에 특화한 도쿄 인근의 가시와노하 T-사이트의 큐레이션과 프로그램은 전혀 다른데요, 입점 지역과 동네의 리서치는 어떤 방식으로 이루어지나요?

츠타야 서점은 각 매장마다 오더메이드 방식으로 정성껏 기획하는 것을 지향합니다. 많은 양의 데이터를 얻기 편리한 온라인 조사도 진행하지만, 현장에서만 얻을 수 있는 정보가 있기 때문에 그 동네를 직접 방문해 설문 조사를 통해 고객의 의견을 수집해요. 하코다테 츠타야 서점을 만들 당시에 리서치를 통해 만난 현지 사람들이 외출하는 주된 이유를 "사람을 만나기 위해서"라고 답했어요. 이런 니즈를 고려해 하코다테 츠타야 서점은 '사람을 편하게 만나기 좋은 곳'으로 만들려고 노력했습니다.

입점 지역을 분석하는 데 T포인트와 T카드의 데이터베이스를 유용한 자료로 활용하기도 하나요?

해당 지역에 어떤 연령대의 사람들이 어떻게 살아가는지 알 수 있고, 어느 지역에서 해당 매장을 방문하는지도 알 수 있어 상권 범위를 설정하는 데 도움이 됩니다. 간단히 말씀드리면 이 정도이고, 실제로는 데이터를 통해 훨씬 더 많은 것을 알 수 있습니다. 다만 데이터도 참고하지만 현장 경험이 무엇보다 중요하다고 생각해요. 예를 들어 2018년에 문을 연 홋카이도의 에베쓰 츠타야 서점은 오솔길이 나 있는 숲 근처에 자리해 풍경은 좋지만, 입지 주변에 아무것도 없어 일반적으로 상업 시설이 들어설 만한 동네는 아니었죠. 로컬한 데이터와 지금까지 쌓아온 경험, 그리고 영감이 더해져 고객이 "와아!" 하고 감탄을 자아내는 멋진 매장을 만들 수 있었다고 생각합니다. 데이터에만 의존하면 모두가 하나의 장소에 똑같은 가게를 만들고 있지 않을까요.

언급한 에베쓰 츠타야 서점은 도쿄나 오사카에 비하면 소도시라는 점에서 인상 깊었습니다. 더 큰 이익을 낼 수 있는 대도시 대신 에베쓰를 택한 이유가 있었나요?

대도시라고 해서 반드시 수익이 높은 것은 아닙니다. 에베쓰는 도쿄나 오사카와 비교하면 인구가 적고 규모가 작은 도시지만, 그만큼 임대료가 저렴하고 경쟁할 만한 서점이 적었어요. 이처럼 도시에 따라 조건이 다르기 때문에 꼭 인구가 많다고 해서 수익이 보장되는 것은 아닙니다. 오히려 인구는 적더라도 먼 곳에서까지 고객이 방문할 가능성이 있다면 에베쓰 같은 지방 소도시에도 얼마든지 매장을 만들 수 있는 거죠.

동네 주민을 위한 기획과 원거리에 거주하는 고객을 모객하기 위한 전략은 다를 것 같은데, 이 두 고객층 사이에서 어떻게 균형을 유지하는지 궁금합니다. 동네 주민만을 위한 이벤트도 개최하나요?

주민을 위한 커뮤니티 이벤트는 하코다테 츠타야 서점에서 처음 시작해 현재 다른 매장에서도 전개하고 있어요. 미야자키현의 소도시 다카나베 매장의 경우 인근 농업학교에서 재배한 채소와 NPO에서 만든 수제 과자 등을 판매하는 등 이벤트를 개최해 주민들이 교류할 수 있는 장을 만들어 지역과의 연계를 도모하고 있죠. 하지만 로컬 주민과 원거리에 거주하는 고객을 겨냥한 모객 방법이 특별히 다르지는 않아요. 결국 고객을 모이게 하는 콘텐츠가 중요하기 때문이지요. 자신이 정말 좋아하는 취미를 위해서라면 먼 곳이라도 방문하잖아요. 이처럼 특별히

전략을 다르게 하기보다는 콘텐츠와 그 내용이 중요하다고
생각합니다.

**중국과 대만에 이어 올해는 말레이시아 진출 소식도
전해졌어요. 해외에서는 어떤 동네를 주목하고 있고,
일본에서 입점 지역을 선정할 때와 동일한 기준을
적용하는지 궁금해요.**
중국을 중심으로 아시아를 우선으로 고려하고 있으며,
동남아시아 역시 주목하고 있습니다. 지금까지 중국 다섯
곳, 대만 일곱 곳의 매장을 선보였고, 말레이시아에 한 곳을
예정하고 있기 때문에 아직은 축적된 데이터가 적어 일본
국내와 비교하면 어떤 지역이 적합하다고 판단하기가 쉽지는
않습니다. 일본에서는 기존 매장 수가 많은 만큼 데이터가
쌓여 있어 이를 바탕으로 입점 지역을 분석하기도 해요.
저희의 가맹점이 이미 운영 중이라면 그 지역은 피하는 등
여러 요소를 감안해서 입점 지역을 선정합니다. 한국의 경우
팬데믹 이전에 일부 기업과 진출을 논의한 적이 있는데요,
조만간 다시 재개할 수 있으면 좋겠습니다.

좋은 공간을 만들기 위한 CCC의 원칙은 무엇일까요?
앞서 말한 긴자 츠타야서점과 가시와노하 T-사이트처럼
각 지역마다 거주하는 사람들의 연령대와 라이프스타일이
다르기 때문에 그 지역의 특성을 고려한 큐레이션을
선보이려고 합니다. 다만 지역과 동네에 따라 변하지 않는
원칙은 '양질의 시간과 공간을 손님에게 제공하는 것'이라고
할 수 있겠네요. 츠타야 서점에 있는 것만으로도 기분이
좋아지고 '집에 있는 듯한 편안한 기분(居心地, 이고코치)'을
느낄 수 있는 장소를 만들고자 합니다.

**양질의 공간을 통해 츠타야가 지역과 동네에서 궁극적으로
하려는 역할은 무엇인가요?**
지역별로 다른 형태의 매장을 전개하고 있는 만큼 그
영향력이 각각 다르겠지만, 츠타야가 '고객의 자아실현에
도움이 되는 공간'이면서 사람들의 마음을 풍요롭게 만들면
좋겠어요. 특히 팬데믹 이후 온라인으로 무엇이든 구입할
수 있는 세상이 되면서 사람과 사람 사이의 교류가 더욱
적어졌습니다. 화상으로 이야기를 나눌 수도 있지만, 직접
만나서 술 한잔하면서 대화하는 것과는 전혀 다르죠. 사람들
간의 유대감을 제공하는 장소, 츠타야가 그런 공간이 되기를
바라요.

**그렇다면 CCC는 '좋은 동네를 발견하는 일'과 '살고 싶은
동네를 만드는 일' 중 어떤 것에 더 중점을 두나요?**
CCC의 목표는 '서점이 있는 동네를 만드는 것'이기 때문에
그 지역에 츠타야가 존재함으로써 결과적으로 살고 싶은
동네가 되면 좋겠습니다. 공공 도서관 위탁 사업을 하거나,
2021년 가가와현 마루가메시와 파트너십을 맺고 시민
교류 활동 센터 '마루타스 Marutasu'를 오픈한 것도 같은

맥락입니다. 어린이부터 노년층까지 일본 전국에 책이
제대로 전달되기를 바라기 때문에 공공 기관과 관련한
기획과 비즈니스도 함께 전개하고 있어요. 그저 사람들에게
책과 문화를 전달하고 새로운 라이프스타일을 제안함으로써
고객에게 도움이 되기를 바랍니다.

개인적으로 '살고 싶은 동네'를 꼽는다면 어떤 곳인가요?
제가 올해 쉰두 살입니다만, 스무 살이었을 때 살고 싶었던
동네와 지금 살고 싶은 동네는 전혀 달라요. 결국 살고 싶은
동네도 나이에 따라 바뀌나 봐요. 20대 때는 도쿄처럼
클럽도 있고 무엇이든 다 존재하는 멋진 도시를 동경했지만,
지금은 제가 나고 자란 편안한 동네로 돌아가고 싶습니다.
이제 머지않아 60대가 될 테고 나이가 듦에 따라 가장
중요한 건 친구들이라고 생각해요. 긍정적 교류 관계를 지닌
친구들과 함께 살거나 만나기 쉬운 동네가 좋겠네요. 그리고
친구들과 모이는 장소가 반드시 하나는 있어야 한다고
생각해요. 어릴 때 방과 후에 따로 약속을 잡지 않아도
친구들을 만날 수 있는 곳이 있었잖아요. 츠타야 서점이 그런
장소가 될 수 있으면 가장 좋겠네요.

Carlos Moreno

카를로스 모레노
과학자·교수

"완전히 새로운 도시 개념을 제안하고 싶습니다. 현대의 도시와 정반대 방향으로 가는 도시죠. 인간의 삶을 고려하지 않은 채 조각낸 도시에 무조건 적응하기를 강요하는 대신, 살아가는 데 필요한 공간의 크기로 도시를 재통합하자는 겁니다." 프랑스 파리의 '15분 도시(La ville du quart d'heure)'는 2020년 재선에 성공한 안 이달고 Anne Hidalgo 파리 시장이 이를 핵심 공약으로 내세우며 전 세계의 관심을 받기 시작했다. 그 중심에 파리 소르본 대학교 ETI(Entrepreneuriat Territoire Innovation) 학과의 학과장을 맡고 있는 카를로스 모레노 교수가 있다. 그가 제안하는 15분 도시는 생활에 필요한 거의 모든 서비스를 집에서 도보로 15분 안에 충족할 수 있는 곳으로, 진보적이면서 미래지향적 내용을 담고 있어 팬데믹 이후 더 큰 주목을 받았다. 뿐만 아니라 기후 위기 대안을 제시하기 위해 주요 대도시가 참여하는 국제 모임 '도시 기후 리더십 그룹(Cities Climate Leadership Group, C40)'과 파트너십을 맺고, 살기 좋은 주거 환경을 만들기 위한 구체적 방안을 모색하고 있다. 카를로스 모레노에게 그가 예측하는 미래 도시의 이상적 모습과 동네 중심의 지속 가능한 삶의 방식에 관한 이야기를 들었다.

15분 도시를 제안한 문제의식은 어디에서 출발했나요?

도시인의 생활 패턴을 조사하며 많은 사람이 자신의 집과 꽤 멀리 떨어진 곳에서 일한다는 사실을 알았습니다. 이는 다시 말해, 특정 시간대에 오피스나 공공 기관이 밀집한 특정 지역을 향해 다 함께 이동한다는 것을 의미해요. 반대로 그 지역은 근무시간 후에 유령도시처럼 삶이 없는 텅 빈 곳으로 바뀌고. 균형과는 거리가 먼 현상이란 점을 지적하고 싶었습니다. 일터 때문만이 아닙니다. 은행, 병원, 공원 등 특정 서비스를 이용하기 위해 이동하는 경우도 전체 교통량을 증가시키죠. 이런 문제를 해결하기 위해 하나의 도시에서 일과 여가를 비롯한 다양한 서비스가 이루어지는 15분 도시라는 개념을 고안하게 되었습니다.

여러 서비스를 한데 모은 근접성이 핵심인 것 같아요. 근접성에 대해 좀 더 자세히 설명해주세요.

제가 주장하는 '행복한 근접성'은 걷거나 자전거를 타고 핵심적 서비스와 편의 시설, 문화생활, 녹지 공간 등에 단 15분 안에 접근할 수 있어야 한다는 겁니다. 자동차와 대중교통을 포함한 교통수단을 과도하게 이용하는 점을 가장 중요한 문제로 보는 거지요. 도보나 자전거를 타고 갈 수 있는 거리 안에서 모든 일상이 이루어진다면 자연스레 삶의 질도 높아질 거라 믿어요. 걷기 좋은 동네가 되려면 보행자 도로를 깔끔하게 정비해야 하고, 넓은 녹지와 공원이 필요합니다. 근처에는 슈퍼마켓, 꽃집, 카페 등 다양한 상점이 생겨날 겁니다. 자전거도로가 늘어나면 전보다 사람들이 몸을 많이 움직여 건강해질 수도 있고요.

도시계획에 대한 논의가 건강으로까지 확장되는 지점이 흥미롭네요. 15분 도시가 이야기하는 건강은 구체적으로 어떤 의미인가요?

정신적, 신체적 건강 두 가지 모두를 의미합니다. 아침저녁으로 이어지는 긴 통근 시간이 줄어들면 자신을 위해 보내는 시간이 늘어나겠죠. 대중교통이나 차 안에서 보내는 대신 말이죠. 행복 지수는 높아지고, 반대로 스트레스 수치는 낮아져 정신적으로 건강한 삶을 살 수 있을 겁니다. 또한 활동량이 늘어나 현대인이 겪는 비만과 당뇨 같은 질병을 치료하는 데에도 효과적입니다. 자동차가 내뿜는 이산화탄소 배출량이 적어지면 좋은 공기 질도 얻을 수 있어요. 병원과 의료진이 가까운 거리에 있다면 필요할 때 어려움 없이 치료받을 수 있을 거고요. 우리를 둘러싼 모든 요소가 건강뿐 아니라 삶의 질에 직결되어 있으니까요.

하지만 15분 도시가 조성되면 또다시 하나의 도시로 인구 집중이 일어나지 않을까 하는 의문이 들기도 합니다.

그래서 도시의 특정 동네에만 15분 도시를 조성하는 것이 아니라, 오히려 거점 지역(centrique)이 많아져야 한다고 주장합니다. 바로 '다중심적(poly-centrique) 도시'라는 개념이죠. 거점이 되는 동네나 지역이 많아질수록 더 많은

사람이 혜택을 누릴 기회를 제공받는 겁니다. 15분 도시가 제안하는 세부 원칙은 파리를 비롯한 모든 도시와 더 작은 단위의 동네에도 유효합니다. 궁극적으로 도시나 동네가 직면한 문제점은 같거든요. 앞서 말한 질 좋은 수돗물과 공기, 이를 위한 공공녹지 조성, 교육, 문화생활을 비롯해 다양한 서비스를 근접한 곳에서 구할 수 있는 편리함은 모두에게 적용되는 기본이자 필수 조건이죠. 물론 저마다 특수한 상황에 따라 다른 점은 있겠지만요.

15분 도시 개념이 좀 더 작은 범위의 동네에도 당연히 적용되겠군요. 그렇다면 프랑스에서 '동네'의 개념은 현재 어떻게 정립되어 있나요?

프랑스의 동네는 보통 구로 나뉘어 있고, 모든 구는 학교와 의료 시설 같은 기본 서비스를 제공하는 곳들로 이루어져 있죠. 하지만 물론 각각의 구가 제공하는 서비스의 질적 차이는 분명 존재해요. 그것이 결국 주민 삶의 질적 차이를 야기하고요. 그 차이를 줄여서 더 많은 사람이 윤택한 삶을 누릴 수 있어야 한다는 점 역시 15분 도시 운동의 또 다른 목적이기도 해요.

살기 좋은 동네가 많아지고 동네별 격차가 줄어들면 진정한 의미의 15분 도시를 실현할 수 있을 것 같아요. 당신이 생각하는 살기 좋은 동네의 필수 요소는 무엇일까요?

행복한 환경을 위해 여섯 가지 조건이 모두 갖춰져야 한다고 주장합니다. 이 조건들은 경중을 따질 수 없을 만큼 중요합니다. 첫째, 살기에 불편하지 않은 적절한 형태와 크기의 집이 필요합니다. 둘째, 직장이 멀지 않은 곳에 있어 통근 시간을 최소화할 수 있어야 해요. 셋째, 일상에 필요한 물품을 동네에서 손쉽게 구할 수 있어야 합니다. 물론 불필요한 소비생활을 지양하고 벼룩시장이나 중고품 사용을 장려하는 운동도 포함합니다. 넷째, 정신적·육체적 건강을 유지하도록 가까운 곳에 주치의나 병원이 있어야 합니다. 걷거나 자전거를 탈 수 있는 길도 포함해서요. 다섯째, 교육 혜택을 누릴 수 있는 학교와 문화 및 여가 생활을 즐길 수 있는 장소가 인접해야 합니다. 도서관, 극장, 공연장을 예로 들 수 있겠죠. 마지막으로 깨끗한 물과 공기, 자유롭게 활보할 수 있는 거리까지 인간 중심의 주변 환경 또한 삶을 행복하게 만들어줍니다.

하지만 국가가 주도하는 계획도시의 현실성에 회의적인 견해도 있어요. 어떻게 하면 실현 가능성을 높일 수 있을까요?

도시는 저마다 각각의 특색을 지니고 있어요. 병을 고치기 위해 신체 기능이 어떻게 이루어져 있는지 이해해야 하듯 도시 역시 어떻게 만들어졌고, 그곳 사람들이 어떻게 살아가는지 깊이 이해하는 일이 선행되어야 합니다. 하지만 무엇보다도 주민의 자발적 참여가 필수입니다. 아무리 좋은 계획이라도 실현하려면 큰 어려움을 겪기

마련이죠. 서울이나 부산 같은 대도시도 15분 도시를 위한 기본 시스템은 이미 갖추고 있어요. 하지만 서울의 경우, 대중교통이 발달했음에도 자동차 이용률이 현저히 높습니다. 제가 알기론 가끔 자정까지도 교통 지체 현상이 계속된다던데, 이런 특수한 경우일수록 시민 의식이 중요해요.

편안함과 자본의 논리가 우선시되는 곳에서 주민 의식이나 연대를 이야기하는 것이 쉽지만은 않아 보입니다. 어떻게 사람들을 설득할 수 있을까요?

깨끗한 공기와 물, 넓은 녹지 공간과 늘어난 자전거도로로 인해 건강해진 삶이 자동차로 누릴 수 있는 편안함보다 훨씬 더 큰 행복을 가져온다는 사실을 몸소 느껴야 합니다. 그러려면 주민들이 자연스럽게 즐길 수 있는 환경을 조성해야겠죠. 산책을 위해 공원까지 차를 타고 가는 대신, 공원으로 이어지는 길을 만끽할 수 있다면 더할 나위 없겠죠. 직접 경험한다면 대도시 사람들도 조금씩 변화할 거라고 생각합니다. 물론 다가올 미래와 다음 세대를 위해 지금 당장 행동해야 한다는 책임감 역시 필요합니다.

그렇다면 실제로 참고할 만한 15분 도시의 성공적 사례를 소개해줄 수 있을까요?

일단 성공적이란 말은 지양하고 싶습니다. 여타 도시의 질투를 야기할 수도 있으니까요. 모두에게 영감을 주는 케이스라고 말하고 싶네요.(웃음) 일례로 스위스 취리히는 세계 최초로 시민들의 투표를 통해 15분 도시를 만들기로 한 곳인데요, 스위스 언론은 이를 "지난 70년을 통틀어 가장 중요한 투표였다"고 보도했어요. 그 자체로 엄청난 영감을 주는 현상이죠. 또 스페인의 폰테베드라 Pontevedra라는 작은 도시의 시장은 의사 출신인데요, 보행자 전용 도로의 중요성을 인지했죠. 그래서 도시 전체에 보행자 도로를 만들고 그 근처에 다양한 문화 공간을 마련하는 데 주력하며 15분 도시를 구현했어요. 지금도 굉장히 많은 곳에서 15분 도시를 만들기 위한 노력이 이어지고 있어요. 앞으로 더 많은 도시가 추진력을 보여준다면 큰 변화를 가져올 수 있을 겁니다.

최근 파리시는 그랑 파리 Grand Paris(파리 주변의 근교 도시들을 좀 더 가깝게 연결하는 대대적인 교통 시스템)의 공사가 한창입니다. 많은 사람이 도심을 떠나 파리 근교로 이주하고 있고요. 근교로 나가면 좀 더 넓고 나은 집에서 살 수 있겠지만, 파리에 직장이 있는 사람은 출퇴근 시간이 오히려 늘어나는 결과를 초래하지 않을까요?

지금까지는 파리 근교에서 또 다른 근교로 이동하기 위해 반드시 파리라는 중심점을 거쳐 환승해야 하는 십자가 모양의 교통 시스템이었죠. 하지만 그랑 파리를 완성하면 근교 도시 간에 직접 이동할 수 있는 마름모꼴 시스템이 구축됩니다. 파리시는 새로운 교통수단의 개발과 동시에

역 주변에 다양한 편의 시설과 서비스 업종을 대폭 유치할 예정이라고 밝혔어요. 따라서 하나의 역이 교통뿐만 아니라 거점 역할을 하며 그 지역과 주변을 활기차게 만들 겁니다. 생활감이 느껴지는 '진짜 삶이 있는 동네'로 만들어나가겠다는 목표까지도 포함하는 거죠.

지난 2년간 팬데믹이라는 초유의 사태가 우리 삶을 완전히 바꿔놓았죠. 그 이후로 당신이 바라보는 좋은 지역과 동네의 기준이 달라졌나요?

아니요, 기준이 크게 달라지지는 않았습니다. 하지만 팬데믹의 영향으로 크게 달라진 점이 있다면 더 많은 사람에게 15분 도시의 필요성이 자연스럽게 와닿았다는 거예요. 록다운이라는 초유의 상황을 겪으며 강제로 재택근무를 하는 등 집에 있는 시간이 보다 길어졌죠. 통근하며 길에서 보내던 시간을 온전히 자신을 위해 활용하는 경험을 하게 된 거죠. 전에는 생각조차 하지 못한 시간이었을 겁니다. 과거의 생활 방식을 고수하지 않고도 얼마든지 여유롭고 윤택한 생활이 가능하다는 인식과 경험을 동시에 할 수 있었다는 점에서 큰 의미가 있어요.

마지막으로 당신이 살고 싶은 동네는 어떤 곳인가요?

앞에서 말한 여섯 가지 조건을 모두 충족하는 동네예요. 자동차가 거의 없어 자전거를 자유롭게 타고, 거리에서 다양한 국적과 나이의 사람들을 만나 편하게 이야기를 나눌 수 있는 동네죠. 카페와 바 등 다양한 상점이 곁에 있어 아침에는 도서관으로, 오후에는 작업실로 이용하고, 여유로운 저녁 식사를 하며 시간을 보낼 수 있도록요. 이런 다용도의 공간들로 자연스럽게 일상을 채울 수 있는 곳에서 살고 싶습니다.

Hiroya Yoshizato

요시자토 히로야
스피크 공동 대표·도쿄R부동산 대표 디렉터

스피크 Speac는 '사회와 사업의 과제를 공간과 구조의 디자인으로 해결한다'는 기치 아래 요시자토 히로야, 바바 마사타카 Masataka Baba, 하야시 아쓰미 Atsumi Hayashi가 합심해 2004년에 설립한 회사다. 회사의 시초가 된 온라인 기반의 부동 산 중개 거래소인 도쿄R부동산은 도쿄 니혼바시 지역 일대를 중심으로 오래된 매물을 소개하기 시작해 교토, 가나자와 등 현재 전국 10여 개 도시에 사업을 전개하고 있다. 지리적 입지 중심으로 중개하는 기존 부동산업의 공식을 따르는 대신, 새로운 가치 를 제시하는 큐레이션을 선보여 화제가 됐다. 중개업뿐 아니라 지역 재생과 유휴 건물의 레노베이션 설계 및 디자인, 건축자재 숍 '툴박스 Toolbox' 서비스를 운영하는 등 다양한 분야로 저변을 확장해나가고 있다. 집을 임대하거나 구입하지 않고도 가능 한 삶의 방식을 제안하고, 도시와 지방을 연결해 각자가 원하는 방향으로 삶을 꾸려나갈 수 있도록 접점을 마련하는 역할도 한다. 도쿄R부동산의 설립부터 신규 사업 개발, 현장 지원까지 사업 총괄을 담당하고, 그룹 차원에서 파생한 다수의 프로젝트를 전체 적으로 잇는 대표 디렉터 요시자토 히로야에게 동네와 주거에 관한 몇 가지 질문을 던졌다.

처음에는 히가시 니혼바시 지역 일대를 중심으로 오래된 매물을 중개했다고 들었습니다. 빈 건물이 많은 동네라는 것 말고 이곳을 주목한 이유가 궁금합니다.

단순히 공실이 많아서만은 아니었어요. 그 지역에는 1940년대 전후로 지은 오래되고 운치 있는 매력적인 건물이 다른 지역에 비해 많이 남아 있었습니다. 특히 니혼바시 동쪽은 도쿄의 심장부에 위치한 교통 거점이에요. 일본 전역으로 퍼져나가는 도로의 시작점을 알리는 도로 원표가 있고, 지하철 노선만 세 개나 있을 정도로 교통이 편리한 지역임에도 임대료가 꽤 저렴한 편이었죠. 에어 포켓처럼 곳곳에 좋은 매물이 숨어 있었습니다. 이 동네에서 시작하면 재밌겠다고 판단했어요. 물론 중심부에는 이미 대규모 개발이 이뤄지고 있었지만, 저희가 선택한 스폿은 도로가 많고 대지는 작아서 재개발 자체가 힘든 탓에 오히려 장기적인 사업을 진행할 수 있었죠.

매물을 중개하기로 결정할 때 '위치한 동네'는 어느 정도의 중요도를 지니나요?

매물과 위치한 동네 모두 중요합니다. 처음에는 니혼바시라는 '동네'에 포커스를 두고 해당 지역에 재미있는 사람과 상점을 끌어모으려고 했어요. 그 후 도쿄 도내 전역으로 사업 지역을 확대함에 따라 '매물' 자체에 중심을 두게 된 것 같습니다. 일반적으로 집을 구할 때는 크기와 월세, 직장이나 학교를 기준으로 가까운 곳 또는 대중교통 환승 없이 갈 수 있는 동네를 찾을 텐데요, 그 패러다임을 조금 바꿔보고 싶었어요. 고객 중에는 매물이 마음에 들어서 전에는 거주할 생각조차 해보지 않은 동네에서 살게 된 경우도 상당히 많아요. 물론 주변 환경도 매우 중요하게 생각합니다. 건물 외관이 아무리 좋아도 빛이 안 들고, 환기가 안 되거나 창밖으로 보이는 풍경이 좋지 않으면 소개하지 않습니다. 직접 가봤을 때 감각적으로 느껴지는 분위기까지 따져보죠. '눈에 보이지 않고 설명은 할 수 없지만 어딘가 좋다'는 개인적 느낌마저 중요하게 여겨요.

중개업 외에도 도쿄 동부에 위치한 지요다구에서는 낡고 특이한 건물의 가치를 재발견해 동네를 부흥시킨 '센트럴 이스트 도쿄' 등 다수의 지역 재생 프로젝트를 성공시켜 화제가 되었죠. 도쿄R부동산이 전개하는 도시계획이나 프로젝트로 살기 좋은 동네를 조성할 수 있다고 보나요?

사실 동네는 인위적으로 만들 수 없다고 생각해요. 자연스럽게 이미 형성되어 있는 거죠. 억지로 만든다고 해도 재미와 매력이 없어요. 국가나 정부처럼 외부인이 처음부터 끝까지 설계하고 조성한 도시를 보면 어딘가 휑한 느낌이 들어요. 밋밋하고 다양성도 부족하죠. 그래서 동네가 개발 지역을 구획할 때의 단위로서 기능한다고 보기 어렵고, 동네가 새롭게 형성되거나 변화하는 시작점을 만드는 작은 계기 정도에는 개입할 수 있을 거예요. 우리가 바로 그 역할을 하는 거고요. 우리는 대형 부동산 개발업체로부터 건축설계를

의뢰받기도 하고, 지자체로부터 상점이 활성화를 위한 비전 설계를 의뢰받기도 해요. 업무의 범주나 프로젝트마다 클라이언트가 요구하는 아웃풋에 따라 접근법이 바뀝니다. 또한 도쿄 도내 혹은 지방 도시의 대형 프로젝트인지, 건물 설계인지, 지역 재생인지에 따라서도 달라지고요.

스피크의 지역 재생 프로젝트나 지역에서 직접 살아보는 실험인 '리얼 로컬' 사업의 대상 지역과 동네를 정하는 기준과 방식은 따로 정해져 있나요?

앞서 설명한 것처럼 프로젝트별 목적에 따라 매번 달라요. 일단 '히가시니혼바시(東日本橋)' 프로젝트처럼 도쿄R부동산의 자체 프로젝트인 경우, 실행할 지역을 선정할 때는 도쿄R부동산 지사의 로컬 팀과 논의합니다. 기준에 관해서는 4년 전 즈음 시작한 교토R부동산이 좋은 예가 될 수 있을 것 같네요. 아시다시피 교토는 역사도 오래되고 좀 특별한 도시인데요, 부동산 시장의 평균 가격대도 도쿄와 비슷할 만큼 높아요. 그래서 우리는 유명해진 기온이나 번화가인 시조카와라마치 같은 동네가 아닌 흥미로운 지역을 찾아다녔어요. 그러던 중 교토 중앙도매시장이 위치한 단바구치 지역 인근에 눈길이 갔죠. 그리고 교토 팀이 그곳에 사무실을 냈죠. 교토 사람들은 다들 "거기는 교토가 아니야!"라고 말했지만, 반대로 그래서 더욱 큰 잠재력이 있다고 본 겁니다. 저는 이런 방식의 관점을 좋아합니다. 저 또한 교토 출신인데요, 마침 제 고향 친구들이 그 동네에서 팝업 행사 등을 여는 걸 본 기억이 났어요. 뉴욕의 브루클린처럼 대도시 가장자리에는 20년쯤 후에 왠지 재미있어질 것 같은 동네가 꼭 존재해요. 갤러리 한 곳이 들어오면서 갑자기 동네가 발전하는 경우도 있고요. 다만 인구 100만 명 이상의 대도시가 아니라면 교토의 단바구치 같은 카오스적 분위기를 담은 동네를 찾기는 쉽지 않을 겁니다.

왠지 교토 사람들은 동네가 변화하는 것에 엄격한 편일 것 같은데요?

맞아요. 저희가 교토에 들어갔을 때도 처음엔 좋지 않은 시선으로 보는 사람들이 있었어요. 반면, 저희 사업의 취지를 잘 이해하고 "저 사람들 재미있고 멋있는 프로젝트를 하는구나!" 하며 공감하고 초기 클라이언트가 되어준 주민들도 있었어요.

그렇다면 살기 좋은 동네를 만들기 위해 고수해야 하는 원칙이 있나요?

원칙까지는 모르겠지만 중요하다고 생각하는 건 '다양성'입니다. 교토 시내를 보면 거주 지역 어디에 가도 다양한 상점이 모여 있어요. 도쿄보다 다양성이 풍부한 곳이라 생각합니다. 다양성을 담보하기 위해서는 동네의 '신진대사', 다시 말해 인적 순환이 원활하게 이뤄질 수 있는 환경이 조성되어야 합니다. 실제로 교토에는 대학이 많아서

인구 유입과 순환이 무척 잦아요. 교토에 있는 대학을 졸업한 후에 아예 정착하는 경우도 많고요. 그와 더불어 불변하는 것과 변화하는 것이 잘 겹쳐진 도시라는 점에서 또한 교토는 도쿄에 비해 압도적으로 더욱 성숙한 도시라고 볼 수 있겠죠.

반대로 지역과 동네에 따라 매번 다르게 고민해야 하는 지점이 있다면요?
동네의 특징적인 지형인데요, 세계의 100곳 넘는 도시를 돌아다니며 느낀 점은 평탄한 곳보다 오르막과 내리막이 있는 지형을 가진 동네가 더욱 흥미롭고 매력적이라는 점입니다. 로스앤젤레스만 보더라도 사람이 많이 모이는 다운타운은 언덕이 꽤 많아요. 경사면이 있는 지역에는 사람들이 살고, 비가 오면 물이 흘러 내려가는 쪽에는 상업 시설이 생긴다든지 하는 식으로 자연스럽게 나뉘죠. 물론 굳이 따지자면 고저가 좀 더 심한 샌프란시스코가 한층 더 매력적이겠네요.

들어보니 동네의 특징이 '길'일 수도 있겠어요. 골목은 동네에서 어떤 역할을 한다고 보는지 궁금합니다. 도쿄에서 골목의 생태를 잘 보여주는 동네를 예로 들면 이해하기 수월할 것 같습니다.
상업 지구 중에서는 음식점이 밀집한 기치조지의 골목 '하모니카 요코초(ハーモニカ横丁)'와 소박하고 정겨운 주택가 골목이 인상적인 아다치구의 기타센주가 떠오릅니다. 술집들이 정신없이 다닥다닥 모여 있어서 깔끔하게 정돈된 여타 상업 시설과는 분위기가 사뭇 달라요. 이런 골목에는 동네의 에너지가 집중되는 느낌이 있습니다. 좋은 가게도, 별로인 가게도 섞여 있고요. 온갖 부류의 사람들이 다 모여들어 활기가 넘치죠. 저는 이런 골목에는 그 동네만의 힘이 있다고 보는데요, 안타깝게도 이런 공간이 줄어들고 있는 게 현실이에요. 보통 길이 비좁고 목조건물이 밀집해 있어 화재 위험이 있다고 판단해 대부분 철거하는 추세거든요. 실제로 화재가 많이 나기도 하고요. 시모키타자와 역전에도 비슷한 골목이 꽤 많았는데 전부 없어졌어요. 동네의 골목이 사라지는 현실이 안타까워 개인적으로 길을 보존하고 보수하는 일에 대해 궁리를 해보지만, 저 역시 어려움에 봉착해 있습니다.

맡은 프로젝트 대부분이 큰 건물을 짓거나 재개발로 동네를 바꾸는 대신 동네의 거리를 기반으로 활동하는 '사람'과 그들이 여는 '가게'에 힘을 더 주는 듯 보이는데, 맞나요?
지방 도시의 중심부에 위치한 상점가라면 골목에 어떤 가게들이 있고, 어떤 사람들이 모이고, 어떤 사람들이 일하고 있는지가 굉장히 중요해요. 저희가 특별히 '사람'에 집중하는 이유는 누군가가 좋은 공간을 찾아올 수도 있지만, 사실 좋은 사람들이 있어서 비슷한 결의 사람들이 또다시 모이기 때문이거든요. 결국 사람과 상점, 그들이 위치한 동네 골목길이 특정 장소를 살기 좋은 동네로 바꾸는 힘이 되는

거죠. 그래서 저희는 개발하기 전에 그 골목길에 이미 터전을 잡은 주민이나 상인과의 관계를 어떻게 만들지부터 생각하는 경우가 많습니다.

서울에서는 좋은 상점이 모인 거리나 동네가 주목받으면, 임대료 상승의 젠트리피케이션 현상이 일어나 그 동네의 고유함을 지키는 게 어려워지는 경우가 대부분이에요. 일본에선 그런 일이 거의 일어나지 않는 편인가요?
일전에 서울을 방문했을 때 북촌의 젠트리피케이션 사례를 본 기억이 납니다. 일본에서는 재개발로 그 일대가 한 번에 정리되는 일이 있긴 해도, 국지적 형태의 젠트리피케이션 현상은 좀처럼 볼 수 없어요. 임대차계약 형태가 좀 달라서인 것 같아요. '보통 임대차계약'의 경우 2년마다 자동 갱신되는 형태인데, 세입자의 권리가 더 높아 임대인이 마음대로 임대료를 올릴 수도 없어요. 물론 2000년대 이후 투기 목적의 부동산 펀드 거래가 늘어나면서 계약이 만료되면 재계약을 하는 또 다른 형태의 '기본 임대차계약'을 선호하는 추세이긴 하지만요.

일본의 경우는 법이 보호해주니까 장기적 관점에서 도시나 지역 개발이 좀 더 가능하겠네요.
그건 개발하는 주체에 따라 다를 것 같아요. 3년에서 5년 정도의 계획을 세우고 들어오는 부동산 펀드 같은 회사는 마을 계획이나 동네 만들기(まちづくり, 마치즈쿠리)에 대한 생각은 하지 않을 거예요. 말로는 그럴듯하게 포장할 수 있겠지만, 짧은 시간 안에 무언가를 이뤄내기란 정말 어렵습니다. 어떤 동네에 화제를 일으켜서 땅값을 올린 후 되팔고 나가는 일 정도밖에 하지 않지요. 반면 부동산 개발에 임하는 철도 회사들은 장기적 안목을 갖고 사업을 합니다. 철도의 연선(沿線) 일대를 사람들이 살고 싶어 하는 지역으로 만드는 일에 노력과 힘을 쏟고 있죠. 양쪽 모두 저희와 함께 일하거나 클라이언트가 되기도 하는데, 동네와 지속 가능성의 관점에서 보면 역시 철도 회사와 합이 더 잘 맞습니다.

2021년부터는 본격적으로 도시에서 벗어나 교외 지역을 부쩍 주목하는 모습인데요, 도심보다는 아무래도 교외에서 살기 좋은 동네를 꾸려나갈 수 있다고 생각하기 때문인가요?
일단 대도시의 도심부는 땅값이 너무 비싸서 저희 같은 작은 규모의 회사가 살 수 있는 매물의 사이즈가 한정적입니다. 교외로 나가면 한 동네에 영향력을 미칠 수 있을 정도로 큰 부지를 계약하기 쉬운 이점이 있습니다. 최근 수입과 조건을 기준으로 가장 살기 좋은 곳을 찾다가 자연스레 교외로 눈길을 돌리는 사람이 점점 늘어나고 있어요. 실제로 도심은 비싸고 좁고 지저분하다며 교외가 라이프스타일에 더 맞는다고 말하는 20대 직원이 우리 회사에도 꽤 있거든요. 과거 한때 교외에 사는 걸 호사스럽게 여기던 시대도 있었는데, 그런 경향으로 회귀하는 현상 같기도 하고요. 특히

1960년대와 1970년대에 교외에 조성한 뉴타운 신도시들이 인구 감소와 고령화로 인해 유령도시가 되고 있어요. 이런 공실화는 앞으로 더욱 심각한 사회문제가 될 텐데, 우리 프로젝트를 통해 이를 해결할 수 있지 않을까 기대해봅니다.

"거리는 사람과 사람을 연결하는 기능을 한다"는 아이디어에서 출발한 '뉴 뉴타운' 프로젝트도 자연스럽게 사람들이 모이는 스폿을 갖춘 동네를 만들어야 한다는 고민에서 시작한 것으로 알고 있습니다.

저희 프로젝트가 처음에는 도쿄 도내에서 무엇을 할 수 있을까에서 시작했다면, 그다음으로는 교외의 뉴타운, 아파트 대단지, 기타센주 같은 밀집 지역을 봐오면서 1960년대에 생겨난 기존 상점가에도 앞서 말한 작은 동네의 잠재력이 있지 않을까 생각했어요. 과거부터 사람들이 자연스레 모여들어 형성된 상점가의 역사적 배경을 생각해보면, 지역 사람 및 외부인을 끌어들인 어떤 매력 포인트가 분명 있을 거라고 생각한 게 동기였죠. 아무것도 없는 곳에 매력적인 스폿을 만드는 것보다 사람들을 끌어모은 역사가 있는 곳을 재생하는 편이 더 수월하고 효과적일 거라고 판단했습니다. 그길로 직접 도쿄 도내의 상점가 몇 곳을 방문해 조사하다가 우연히 상점가에 위치한 건물주와 이야기가 잘되어 진행하게 된 케이스네요.

오사카 인근의 촌락 도요노군을 도시인의 '제2 삶의 공간'으로 만드는 프로젝트도 2019년에 진행했죠.

도요노군 프로젝트에는 두 가지 목적이 있었어요. 첫째는 방금 말한 공실화 문제를 해결하기 위해서입니다. 일본 전역에 빈집이 1000만 호 가까이 된다고 해요. 인구 감소를 겪는 지역은 저마다 주민을 유치하기 위해 노력하지만 큰 진전이 없는 상황입니다. 둘째는 시골 지역이 겪는 청년층 부재 현상을 해결하고 싶었습니다. 시골 마을의 빈집을 활용해 젊은 세대를 지방으로 다시 불러들일 방법을 고민했죠. 타 지역에 공간을 두면 몇 달에 한 번씩 장기로 머물거나, 주말마다 놀러 갈 수 있는 여유로운 삶이 가능하다는 사실을 보여주고 싶었어요. 최근에는 자연과 가까이 살며 가끔 도쿄로 볼일을 보러 나가는 삶을 선호하는 이도 늘어나고 있습니다. 다른 지역으로 이주하는 선택은 리스크가 크니까요. 이주민도 관광객도 아닌 중간 개념, 즉 '관계 인구'의 유입을 늘리고, 괜찮다면 이주도 생각해보라고 자연스럽게 제안하는 것이 이 프로젝트의 의도인 셈이죠. 실제 이주를 결정한 케이스도 있었고요. 가나가와현의 미우라반도에 위치한 작은 항구 마을에서도 동일한 프로젝트를 진행했습니다. 창문을 열면 바로 바다가 보이고 싱싱한 해산물이 맛있는 곳이에요. 이처럼 우리만의 시각으로 지역의 매력을 발굴해 삶의 다양한 선택지를 보여주고, 공감하는 사람이 있다면 지역과의 접점을 보다 수월하게 찾길 바라요. 사람들 각자가 어떤 형태의 삶의 방식을 선호하고 지향하는지 스스로 발견할 수 있는 계기를 만들어주는 일이 곧 우리의 미션입니다.

그렇다면 요시자토 씨가 살고 싶은 동네는 어떤 곳인가요?

제가 욕심이 많아서 다 담기는 어려울지 모르겠어요.(웃음) '도시성'을 지니면서 자연과 가까이 있고, 음식이 맛있고 친구들도 많은 동네요. 도시성은 쉽게 말해 '살아있다(Live)'라는 단어로 표현할 수 있을 것 같아요. 라이브 음악이 될 수도, 예술이 될 수도 있겠지요. 라이브 공연을 하는 공연장에 쉽게 갈 수 있으면 좋겠어요. 그게 도시가 줄 수 있는 압도적 가치 중 하나 같아요. 가상세계의 NFT 같은 걸로는 느낄 수 없는 생생하고 구체적인 예술 말이에요. 회사는 가끔 들르면 되니까 굳이 동네에 없어도 괜찮아요. 다만 거대한 설산 같은 대자연은 아니더라도 공원이나 연못이 근처에 있으면 좋겠어요. 아, 그리고 도시의 매력 포인트 중 하나는 편리한 접근성이에요. 일본을 예로 들면, '일본의 북알프스'로 알려진 히다산맥(飛騨山脈)은 후쿠오카보다 도쿄에서 가는 길이 더 가까워요. 규모로 보면 사실 도쿄는 너무 크고, 그보다 두 단계 정도 작은 도시가 좋겠어요. 역시 스페인의 산세바스티안 San Sebastian 정도가 좋을 것 같네요. 바르셀로나도 좀 크죠. 50만 명에서 100만 명 정도의 인구가 살고, 1000만 명 되는 규모의 대도시를 당일치기로 다녀올 수 있는 위치에 있는 도시라면 정말 좋을 것 같은데요.

URBAN REGENERATION

좋은 집이 모여 좋은 동네가 되고 좋은 사회가 된다. 좋은 집은 도면을 그리는 건축가에게서 비롯된다. 건축가의 일은 사회적 요구를 공간화하는 서비스에 가깝다. 그래서 건축가의 이념 변화를 훑고 나면 우리 사회가 어떠한 동네를 이상적으로 바라보는지 가늠할 수 있다.

에디터 김예람 | 일러스트 윤미원

철근 콘크리트를 활용해 현대건축의 개념을 확립한 르코르뷔지에 Le Corbusier는 1925년 프랑스 파리의 낙후된 도시환경을 근본적으로 개선하기 위한 마스터플랜 '부아쟁 계획(Plan Voisin)'을 발표했다. 일정 간격으로 나열한 십자 모양의 초고층 사무용 빌딩, 수많은 교통량을 수용하는 자동차 전용 도로, 직사각형의 넓은 공원, 높이가 낮은 집합주택의 필요성을 강조한 이 계획은 지금 시대를 살고 있는 사람들에게는 일상 풍경처럼 읽히지만, 당시 사람들은 생경하고 급진적인 아이디어로 받아들였다.

한국을 대표하는 1세대 현대건축가 김수근은 효율성을 강조한 르코르뷔지에의 계획안에서 한걸음 더 나아간 공간 개념을 고안했다. 그는 "인간 환경의 본질은 물리적 관점이 아니라 내면·정신적인 관점에서 이해해야 하며, 인간성을 유지하고 표현하기 위한 장소를 '궁극 공간'이라 부르자"고 제안했다. 개인의 사색을 유도하는 한국문화예술진흥원 미술회관(현 아르코 미술관)과 경동교회는 그의 생각을 잘 보여주는 대표적 건물이다. 김수근의 궁극 공간은 최근 다시 회자되는 사회학자 레이 올든버그 Ray Oldenburg의 책 <제3의 장소(The Great Good Place)> 내용과도 궤를 같이한다. 제3의 장소는 가정, 학교, 일터 바깥에서 교류가 일어나는 공간을 의미하는데, 저자는 목적 없는 접촉과 낮은 장벽의 관계 형성을 통해 바람직한 지역사회가 구축된다고 주장한다. 커다란 공공시설 하나보다 작은 카페나 술집처럼 관계 중심의 장소가 동네에 더 필요한 것이다.

그러나 이 믿음은 2000년대 전후 급격히 진행된 도시화와 세계화로 뒤집어졌다. 수많은 현대 도시가 경쟁하듯 크고 높은 건물을 지으면서 위상을 과시했고, 대중도 사회적으로 각인될 만한 대상이 있는 지역을 근사한 동네로 생각했다. 그때 건축가 렘 콜하스 Rem Koolhaas가 반기를 들었다. 그는 거대한 건물은 도시의 일부가 아닌 그 자체로 기능해, 도시 맥락의 완전한 삭제를 추구한다고 주장하며, 실내 활동을 고민하지 않은 채 만든 랜드마크 건물이 도시 위계를 장악한다고 비판했다. 그가 다양한 기능을 자유롭게 배치해 설계한 시애틀 중앙 도서관(Seattle Central Library)은 우연의 이벤트를 유발하는 공간이 도시에 큰 활력을 준다는 사실을 입증한다.

도시에서 맥락을 회복하려는 흐름은 잊혀가는 전통을 강화하려는 시도로 이어졌다. 2012년 프리츠커 건축상(Pritzker Architecture Prize)을 수상한 왕슈 Wang Shu는 지역 고유의 구축 방식과 생활양식을 건물에 반영해야만 도시의 진정한 매력이 드러난다고 이야기했다. 그는 빈집이나 철거 예정인 건물의 자재를 해체한 다음 새로운 건물을 짓는 데 재활용하면서 인위적인 풍경 만들기를 지양했다. 이러한 왕슈의 건축 철학은 특히 동아시아 국가에 반향을 불러일으키며 리모델링 프로젝트의 획일화를 막는 데 일조했다.

흐름을 짚고 또 짚어, 오늘날 우리가 사는 공간과 그 주변을 돌아볼 차례다. 어느덧 일상에 깊숙이 파고든 공유 오피스, 코리빙, 큐레이션 숍, 그로서리 마켓 등을 보면 레이 올든버그가 말한 제3의 장소 개념이 부활한 듯한 모습이지만, 이제 사람들은 앞서 나열한 장소를 커뮤니티 대신 취향을 만드는 공간으로 인식하고 있다. 디앤디파트먼트 제주, 블루보틀 커피 교토 등 감각적인 재생 건축 프로젝트를 진행한 나가사카 조 Jo Nagasaka는 "뺄셈의 기법은 벽이나 문을 버림으로써 오히려 공간을 만들 수 있다는 의미이고, 덧셈의 기법은 사용자가 제품이나 가구를 채워 넣음으로써 공간을 만들 수 있다는 의미다"라는 말을 남겼다. 맞지 않는 취향은 치워버리고 꼭 필요한 취향만 남기려는 지금 사람들의 라이프스타일을 설명하는 문장처럼 들린다. 어쩌면 그가 건물에 한해 이야기한 뺄셈 건축은 이미 거주지를 선택하는 주요한 기준으로 작용하고 있는지도 모른다. 지금도 특정 지역에서 자신의 취향을 선택적으로 묶어내고, 심하게는 개인과 마을을 동기화하는 사람들이 있으니 말이다.

네 가지 키워드를 토대로 낙후된 동네가 어떻게 좋은 동네로 변모하는지 살펴봤다.

전통을 품은 동네

중국 베이징의 시청

톈안먼 광장 좌측 인근의 동네를 아우르는 시청 Xīchéng은 기와를 얹은 쓰허위안 Sìhéyuàn으로 가득하다. 쓰허위안은 골목이 촘촘하게 자리한 베이징의 구도심에서 어렵지 않게 찾아볼 수 있는 전통 가옥으로, 한때 베이징에만 7000여 채가 있을 정도로 보편적인 주거 유형이었다. 필요에 따라 중정 주변에 방을 덧붙이는 방식으로 구축되기 때문에 건물을 개조한 흔적이 바깥으로 드러나는데, 2008년 베이징 하계올림픽을 앞둔 중국 정부는 도시 정화를 이유로 시내에 위치한 쓰허위안의 약 7분의 1만 남기는 철거 작업을 단행했다. 그러다 2014년, 중국의 도시 정책 기조가 무차별적인 개발보다는 전통문화를 보존하는 방향으로 흘러가면서 전통 주거인 쓰허위안을 현대적으로 리모델링하면서 유지하는 분위기가 조성됐다. 오늘날 시청의 쓰허위안은 마옌쑹 Ma Yansong, 장커 Zhang Ke, 주치펑 Zhu Qipeng을 비롯한 젊은 중국 건축가의 적극적인 시도로 사무실, 카페, 도서관, 게스트 하우스 등으로 탈바꿈하고 있다.

일본 도쿄의 야나카

도쿄 국립박물관에서 지하철 한 정거장 거리에 있는 야나카 Yanaka는 오래된 사찰인 덴노지 Tennoji 와 4개의 추모 공원을 품고 있는 동네다. 야나카 주민들은 에도 시대의 건물이 자아내는 고즈넉한 동네 분위기를 유지하기 위해 '야나카 학교(Yanaka School)'를 필두로 한 '야나카 마을 만들기 협의회(Machizukuri in Yanaka)'를 2000년에 출범시켰다. 협의회는 지역사회에 필요한 기능을 단일 공간에 담아내지 않고 마을 곳곳에 분산해 고른 자원 분배와 주민 커뮤니티 활성화를 도모했다. 이후 전통 주택 및 빈집을 리모델링하는 '다이토 역사 도시 연구회(Taito Cultural & Historical Society)', 각종 상업 공간을 운영하며 마을 협동조합 역할을 맡은 '하기소 Hagiso', 다른 지역과 생활 정보를 공유하는 '야네센 Yanesen' 등이 협의회의 뜻에 동참해 마을을 가꾸고 있다.

한국 인천의 개항로

애관극장부터 배다리사거리에 이르는 인천 개항로
일대에는 1800년대 후반부터 해외 열강의 조계지였던
탓에 외국 문물을 빠르게 흡수하던 조선 후기와
식민지기의 풍경이 남아 있다. 이곳은 신포국제시장을
중심으로 상권이 일찍 형성되었기 때문에 오래된
건물의 재개발 가능성에 늘 노출되어 있는 지역이기도
하다. 그러던 2017년, 일제강점기부터 비누를 제조해온
애경사 건물이 기습 철거된 사건이 마을에 결정적인
변화를 불러왔다. 주민들은 '개항로프로젝트'를 비롯한
여러 풀뿌리 조직을 만들어 무차별적인 개발에서
마을을 보호하기로 나섰다. 개항로프로젝트에 참여한
사람들은 오래된 병원이나 은행 건물 등을 부수지
않고 브라운핸즈, 라이트하우스, 개항로통닭 등 특색
있는 상업 공간으로 변모시켰다. 그리고 가게에 필요한
식재료나 집기는 동인천에서 오랫동안 터를 잡은 목수,
국수 제조자 등에서 수급해 하나의 경제 공동체를
구축하고 있다.

스페인 바르셀로나의 라발

몬트후익 언덕(Montjuic Hill)과 카탈루냐 광장(Plaza
de Cataluña) 사이에 위치한 라발 El Raval은 방직
산업의 발달로 공장 노동자가 많이 거주했던 동네였다.
바르셀로나는 1859년 토목공학자 일데폰스 세르다
Ildefons Cerdà의 설계안을 토대로 도시를 방사형
모양으로 확장하기로 결정했는데, 라발은 새로운
도시계획에서 제외되면서 슬럼화를 맞이했다. 동네의
범죄 발생률은 스페인 최상위 수준으로 빠르게
증가했고 많은 주민이 이탈하기 시작했다. 그러던
1985년, 라발 활성화 방안이 포함된 시가지 재생 특별
기획안이 발표되면서 상황이 달라졌다. 시민사회는
원활한 마을 재생 정책 시행을 위해 민간 재단
'라발의 모든 것(Tot Raval)'을 결성해 바르셀로나
현대문화센터(Centre de Cultura Contemporània
de Barcelona)를 비롯한 각종 공공 문화·교육 시설이
지역에 안착할 수 있도록 힘썼다.

미국 샌프란시스코의 미션 베이·소마
미션 베이 Mission Bay와 소마 SOMA는 철도 기지와
오래된 공장 지대가 있던 샌프란시스코의 대표적인
낙후 지역이었으나, 2000년부터 이뤄진 재개발로
생활환경이 크게 개선되면서 사람들의 주목을 받기
시작했다. 시내 중심가의 비싼 임대료를 벗어나 더욱
넓은 공간을 사용하고자 하는 스타트업이 이곳에 발을
들였고, 현재는 미국의 대표적인 테크 기업인 트위터
Twitter, 에어비앤비 Airbnb, 드롭박스 Dropbox,
핀터레스트 Pinterest가 정착했다. 새로운 비전을
실현하기 위해 미션 베이와 소마로 찾아온 여러 기업은
다양한 행사를 열면서 유대 관계도 형성하고 있다. 입주
기업은 지역 생태계를 공고하게 만들기 위해 2009년
8월부터 새로운 기획에 대한 피드백을 주고받는
'스타트업 위켄드 Startup Weekend', 사업 실패담을
공유하는 '페일콘 Failcon' 같은 자리를 매해 개최하는
중이다.

스웨덴 스톡홀름의 노르말름·쇠데르말름
음원 스트리밍 플랫폼 '스포티파이 Spotify', 인터넷
영상통화 서비스 '스카이프 Skype', 모바일 퍼즐 게임
'캔디크러쉬사가 Candy Crush Saga'를 제작한 '킹
King', 3차원 건설 게임 '마인크래프트 Minecraft'를
만든 '모양 Mojang'. 모두 스톡홀름의 노르말름
Norrmalm과 쇠데르말름 Södermalm에서 출발한
기업이다. 다리를 가운데 두고 있는 두 지역은 스톡홀름
외곽의 정부 주도 신산업 클러스터인 시스타 사이언스
시티 Kista Science City와 달리 도심 중앙에
위치한다. 적은 자본으로 공간을 마련하기 쉽고 도움을
얻을 수 있는 공공 기관, 학교, 연구소 등이 밀집해 있기
때문이다. 최근 노르말름과 쇠데르말름에는 에피센타르
Epicentar, 노르스켄 하우스 Norrsken House,
에스유피46 SUP46, 더 팩토리 The Factory를 비롯한
스타트업 허브가 여럿 조성되어, 시장 경험과 자금력이
부족한 신생 기업에 대한 체계적인 인큐베이팅이
원활히 이뤄지고 있다.

베트남 하노이의 동다

하노이 Hanoi 구도심에 위치한 동다 Đống Đa는
베트남 고유의 세장형 도시 주택 '냐옹 Nhà Ống'이
비교적 잘 보존되고 있는 지역이다. 하지만 급격한
핵가족화와 부동산 소유 제도 변화로 가구 수가 크게
늘면서 이곳의 주거도 달라지고 있다. 집 면적은
그대로지만 살고 있는 사람의 수는 줄었기 때문에
이전보다 나은 주거 환경을 만들고 싶은 욕구가 거리
밖으로 표출되는 중이다. 동다 사람들은 오디디오
아키텍츠 ODDO Architects의 시에이치 하우스
CH House처럼 자연 통풍을 유도하는 수직 정원을
만들거나, 니야-아키텍트 Nghia-Architect의 메종 티
Maison T처럼 다용도 마당을 마련해 이웃과 담소를
나누는 응접실로 활용하고 있다. 저마다 만든 자투리
정원이 커다란 공원을 대신하는 셈이다.

브라질 리우데자네이루의 센트로

매캐한 공기가 가득했던 브라질 리우데자네이루
Rio de Janeiro의 구아나바라 베이 Guanabara
Bay는 사람들로 넘쳐나고 있다. 항만·공장 지대였던
연안을 재개발하는 프로젝트 '포르토 마라빌랴
Porto Maravilha'가 시작되면서부터다. 기존 항구의
이전으로 120만m²에 달하는 토지가 제 기능을 잃자
2009년 시 당국이 항구 재개발 시행을 위한 특수 목적
회사를 설립했고, 그 때문에 높은 건물 밀도로 공공
공간 부족 현상에 시달리던 리우데자네이루는 바닷가를
시민에게 환원할 기회를 맞이했다. 25만m² 규모의
수변 공원 '오를라 콘지 Orla Conde'가 2016년에
우선적으로 개방됐으며, 앞으로 다양한 문화시설 및
주민 편의 공간이 들어설 예정이다.

THE IDEAL NEIGHBORHOOD

한국, 프랑스, 미국, 일본에 사는 각양각색의 사람들이 살고 싶은 동네의 조건 5가지를 꼽았다.

에디터 최선우

마루야마 타카히라(丸山貴平) · 환경NPO단체 종사자 · 도쿄 타치카와시

緑がたくさんの公園　　　赤提灯の居酒屋さん

昔ながらの商店街

小さな映画館　　　朝と夜の静けさ

녹음이 우거진 공원, 빨간 초롱불이 보이는 선술집, 옛 모습 그대로의 상점가, 작은 영화관, 아침과 저녁의 고요함

폴 리 Paul Rhee · 아트 디렉터 · 프랑스 센생드니주 몽트뢰유

- Les belles terrasses qui captent les soleil

- Une bonne boulangerie qui vend les pains au chocolat sublimes

- Les adresses avec plus de 4 étoiles sur Google ☆☆☆☆

- Les lieux culturels fascinants

- Les espace verts captivants

해가 잘 비치는 테라스가 있는 카페가 있는, 맛있는 뺑 오 쇼콜라를 만드는 베이커리가 있는, 구글 맵에 별 4개 이상을 받은 레스토랑이 많은, 다양하고 멋진 문화 생활을 할 수 있는 곳이 많은, 공원과 같은 멋진 경치를 볼 수 있는 녹지를 가진 동네

펠리페 리본 Felipe Ribon · 포토그래퍼 · 프랑스 파리 바스티유

LOIN DES CIMENTIÈRES
PRÈS DES ÉTOILES
DEVANT LA MER OU LA RIVIÈRE
TOUJOURS DERRIÈRE LA LUMIÈRE
AVANT LES ÉCOLES
DEHORS LES ARBRES

시멘트로 된 곳에서 떨어져 있는, 하늘의 별과 가깝고, 바다나 강 가까이에 있고, 항상 빛이 밝은 곳의 뒤, 학교 앞, 나무가 보이는 곳.

카네코 코요리(兼子小和) · 회사원 · 도쿄 타치카와시

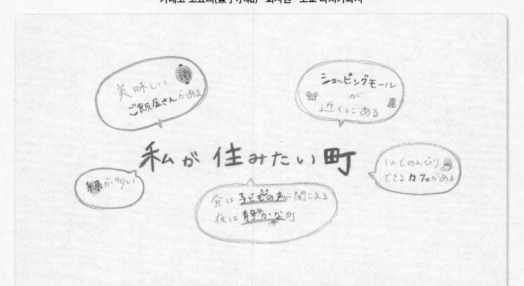

내가 살고 싶은 동네는 맛있는 밥집과 쇼핑몰이 근처에 있고, 녹음으로 우거진 울창한 숲이 있는, 혼자 여유롭게 시간을 보내는 카페가 있는, 낮에는 아이들의 목소리가 들리고 밤에는 고요한 곳.

최태윤 · 아티스트 · 경기도 김포시

나는 오랜 시간 미국에 살았을때, 특히 뉴욕에 살며는 동네의 인종적 다양성을 고려했다. 나는 언제나 외관상 드러나는 '아웃 사이더'였고, 나의 동네가 안전하기를, 동네 사람들에게 나 있는 그대로 받아들여 주기를 늘 원했고, 종종 그것은 더욱더 내가 '드러나지 않음'을 의미했다. 브루클린의 베드퍼드 스타이베선트 Bedford-Stuyvesant를 정말 좋아한다. 왜냐하면 이 동네는 리얼하게 느껴지기 때문이다. 다른 동네만큼은 아직 젠트리피케이션이 일어나지 않았고, 나의 친구들이 주변에 살고 있어서 더 안전하다고 느낀다. 브루클린의 베드퍼드 스타이베선트는 급진적으로 다양한 곳은 아니다. 대부분 흑인과 캐리비언 계가 많고, 백인 인구는 상대적으로 적다. 아시아 인도 아주 적은 인구 비율을 차지한다. 뉴욕을 처음 방문하는 나의 파트너와 그 동네를 방문했을 때, 내게 안전하다는 감정을 느끼게 하는 것이 나의 파트너와 다른 사람에게는 안전하지 않을 수도 있다는 걸 깨달았다. 그래서 현재 나의 우선순위는 무엇보다도 그녀가 안전하고, 받아들여지고, 사랑받는다고 느끼는 공간이다. 그렇다면 나는 왜 베드퍼드 스타이베선트에서 그 어떤 곳보다 안전하다고 느꼈을까? 아시아인을 향한 미세공격(Microaggression)에 무덤덤해졌기 때문일까? 도시의 직조에 나를 맞추고 싶어서였을까? 백인들에게 주로 지내는 지역에서 더 위협적인 감정을 느껴서일까?

When I was living in the U.S. I thought about racial diversity of my neighborhood. As a visible outsider of the neighborhood. I wanted to feel safe and accepted, oftentimes that meant to become more invisible.

I really like BED-STUY because the neighborhood feels authentic. And not as gentrified as other places. Also many of my friends live around. Which makes it feel more safe.

BUT BED-STUY is not really a racially diverse area. It's mostly African American, Carribean. And smaller population of white. And very small Asian demographics.

When I visited again with my partner, I realized what feels safe for me. May not feel safe for her and others.

So. My priority now is to find space that she feels safe, accepted and loved.

So. Why did I feel more safe there?

Perhaps because I've grown thick skin to microaggressions? Perhaps I wanted to fit in to the urban fabric? Perhaps I feel more threatened by people in the "white" neighborhood?

이혜림 · 학생 · 가나가와현 사가미하라시

밤은 밤답게 깜깜하고, 낮은 낮답게 생동감 있는 마을

신선한 야채를 파는 청과물 가게가 가까이 있는 곳

개성있는 작은 서점이 있는 곳

주말이면 편하게 커피를 마실 수 있는 단골 킷사텐이 있는 곳

가까이에 술친구가 살고 있는 곳

밤은 밤답게 깜깜하고 낮은 낮답게 생동감 있는 마을, 신선한 야채를 파는 청과물 가게가 가까이 있는 곳, 개성있는 작은 서점이 있는 곳,
주말이면 편하게 커피를 마실 수 있는 단골 킷사텐이 있는 곳, 가까이에 술친구가 살고 있는 곳.

이세 카요코(伊勢加代子) · 인테리어 디자이너 · 가나가와현 가마쿠라시

- 家族でのんびり過ごせる。山や海が近くにあること。

- いつも住むのは古い家。今の家は築60年。
  前に住んでいた人の増改築が面白い。

- 歴史を感じる場所がある。
  昔の人達が残してきたモノを大切にする町が好き。

- おいしいパン屋さんがある。自分の幸福感をUPさせるパン屋さんは必須！

- 子供も大人も楽しめる絵本が置けるお店がある。

가족끼리 한가로이 지낼 수 있고, 산과 바다가 가까운 곳. 항상 오래된 곳에서 살았는데, 지금의 집도 지은 지 60년 된 집. 전에 살던 사람이 고치고 다듬은 흔적이 재미있다. 역사를 느낄 수 있는 장소가 있고, 옛 사람들이 남기고 간 것을 소중히 여기는 동네가 좋다. 맛있는 빵집이 있다. 행복감을 높이는 빵집은 필수! 아이도 어른도 즐길 수 있는 그림책을 살 수 있는 서점이 있다.

명유미 · 그림책 서점 운영 · 서울 서대문구 연희동

조용한 곳에서 살면 평화롭고 풍요로운 마음으로 지낼 수 있을 것 같다. 길에서 만나면 반갑게 인사하고, 맛있는 음식이 생기면 나누고픈 이웃이 있는 곳. 맛있는 커피가 먹고 싶으면 걸어서 편하게 갈 카페가 근처에 있는 곳. 나이, 문화, 민족, 경제적 여건들 여러 면에서 다른, 다양한 사람들과 함께 다양한 삶의 모습을 만날 수 있는 곳.

릴리안 구든 Lillian Gooden · 대학 행정직원 · 뉴욕 브루클린 크라운 하이츠

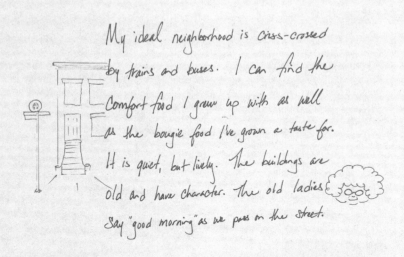

My ideal neighborhood is criss-crossed
by trains and buses. I can find the
comfort food I grew up with as well
as the bougie food I've grown a taste for.
It is quiet, but lively. The buildings are
old and have character. The old ladies
say "good morning" as we pass on the street.

내가 생각하는 이상적인 동네는 기차와 버스가 교차해 교통이 편리하고, 유년시절 먹었던 소박하고 마음의 위안을 주는 음식을 찾을 수 있고,
조용하지만 생기가 넘치고, 독특한 외관의 오래된 건물들이 자리하고, 거리를 지나갈 때 이웃 어르신이 "좋은 아침!"이라고 인사하는 곳이다.

박소연 · 요가강사 · 경기도 김포시

이건 저의 꿈인데요. 넓은 마당과 연못이 집 앞에 있으면 해요. 의자를 그 앞에 두고 숨을 길게 들이쉴수 있는 호사를 누리면 더 없이 좋을것 같아요 ..♡

작지도 크지도 않은 마트가 있어야해요. 주로 집밥을 먹는 집순이인데, 그날 먹고싶은 음식의 재료가 급히 떨어지면 당황스러워요. 가벼운 옷차림으로 10분 내에 재료를 구할수 있는 동네 마트가 꼭 필요합니다

맛있는 커피 전문점 1개 다 그럭저럭 이거지만 저렴한 테이크아웃 카페 1개요.) 두 가지 카페가 모두 있는 동네면 좋겠지요. 때에 따라 아주맛있는 커피가 필요할 때도, 급하게 카페인을 충전할 때도 있으니까요!

집 주변에 나무들이 꼭 있어야해요. 지저귀는 새소리도 함께 하면 더 없이 좋고요 !

이건 저의 꿈인데요. 넓은 마당과 연못이 집 앞에 있으면 해요. 의자를 그 앞에 두고 숨을 길게 들이쉴 수 있는 호사를 누리면 더없이 좋을 것 같아요. 주로 집밥을 먹는 집순이인데, 그날 먹고 싶은 음식의 재료가 급히 떨어지면 당황스러워요. 가벼운 옷차림으로 10분내에 재료를 구할 수 있는 동네 마트가 꼭 필요하답니다. 맛있는 커피 전문점 1개와 그럭저럭이지만 저렴한 테이크아웃 카페 1개요. 두 가지 카페가 모두 있는 동네면 좋겠어요. 때에 따라 아주 맛있는 커피가 필요할 때도, 급하게 카페인을 충전할 때도 있으니까요! 집주변에 나무들이 꼭 있어야해요. 지저귀는 새소리도 함께하면 더 없이 좋고요!

"멀지 않은 곳에 산"

"맛있는 음식을 나눌수 있는 이웃"

"높은 건물이 없고 한적한 곳"

"햇살을 충분히 머금은 따뜻한 곳"

"아침에 새소리를 들을수 있는 곳"

멀지 않은 곳에 산, 맛있는 음식을 나눌 수 있는 이웃, 높은 건물이 없고 한적한 곳, 햇살을 충분히 머금은 따뜻한 곳, 아침에 새소리를 들을 수 있는 곳

• 古い建物や懐かしい雰囲気があって
 散歩を楽しめる住子

• おいしい食べ物, 飲み物のテイクアウトが
 しやすいお店がある

• 地元出身の人と他から来た人が
  程よく住む住子

• ゴミ出しのルールが守られている

• 個人経営のおいしいご飯屋さんがある

오래된 건물과 어딘가 애틋한 분위기로 산책하기 좋은 동네, 맛있는 음식과 음식을 포장해주는 가게가 있다. 현지인과 타지인이 어울려
조화롭게 사는 동네. 쓰레기 분리수거 규칙을 잘 지키고, 개인이 운영하는 맛있는 음식점이 있다.

유키 시마노 Shimano Yuki · UX/UI 디자이너 · 뉴욕 퀸즈 아스토리아

I look for a neighborhood that has a slow pace of life, and doesn't have much hustle & bustle so I can feel relaxed when I'm at home.

Since I enjoy cooking at home, I would definitely want a grocery store at a walkable distance from where I live. It doesn't need to be high end, as long as there is fresh produce and tofu!

I would want my neighborhood to have a subway station or bus stop, because I rely on public transportation to get around N.Y. Plus, I don't enjoy driving.

Safety is a big concern for me, and I always check the crime map and statistics of areas that I'm interested in moving to feel assured. I also feel safer in a neighborhood if there is ample street lighting at night.

I look at the overall appearance of the neighborhood. I think if there are many well-kept houses /apartments, it's a good sign that the neighbors are maintaining their homes properly and caring about the community.

삶의 속도가 느리고 번잡하지 않아 집에 있을 때 편안함을 느끼는 동네를 원한다. 지하철역이나 버스 정류장이 근처에 있었으면 좋겠다. 운전을 자주 하지 않아 뉴욕 내에서는 주로 대중교통을 이용하기 때문이다. 집에서 요리하는 것을 좋아해서 걸어갈 수 있는 거리에 식료품점이 있었으면 좋겠다. 꼭 고급스럽지 않아도 신선한 농산물과 두부를 살 수 있는 곳이면 충분하다! 치안은 내게 매우 중요한 요소다. 도보로 다닐 수 있는지 확인하기 위해서 동네 범죄 지도와 관련 통계를 찾아본다. 길 위의 조명이 밝을수록 안전함을 느낀다.

Published by JOH
Printed in the Republic of Korea
2011년 11월 3일 창간
2022년 5월 23일 초판 1쇄 발행
등록번호 강남, 라00546

ISBN 979-11-6036-149-0 (03070)

Publisher 조수용
Executive Director 김명수
Content & Editorial Director 박은성
Lead Editor 서재우
Editors 김나래, 박혜강, 최선우, 김재영
Digital Editor 김한슬
Art Direction & Design 최유원
Photographer 윤미연
Marketing 김현주
Finance 홍효선
Sales & Distribution 김수연, 김기란, 송수진

magazine-b.com
info@magazine-b.com

instagram @magazine.b
facebook.com/brand.magazineb
youtube.com/magazineb
vimeo.com/magazineb
podcasts/magazine b